Zu diesem Buch

Wir sind alle auf dem Weg, jeder auf seinem ureigenen Pfad der Entwicklung. Es liegt in der Natur alles Lebendigen, zu wachsen und sich zu entwickeln, da bilden wir keine Ausnahme. Jeder hat seinen eigenen Stil – einige sind sehr diszipliniert. Andere haben keine Vorstellung von Disziplin oder finden gar Gefallen an ihr. Sie trinken lieber Bier und «schauen fern».

Ich möchte dir mit diesem Buch eine Sichtweise vermitteln, die dir tiefes, bedeutungsvolles Verständnis bringt und ein paar sehr praktische Werkzeuge für dein eigenes Wachstum, ungeachtet der Art zu leben, die du wählst.

Dieses Buch ist in seiner Form oft knapp und absichtlich kurz gehalten, umfaßt aber weite Gebiete. Es will eher zum Denken anregen als fertige Erklärungen liefern. Es will dir zeigen, daß die Antworten in dir liegen – nicht irgendwo, in irgendeinem Buch oder in den Lehren anderer.

In deinen alltäglichen Gedanken und Gefühlen, in deiner Art zu leben, in deinen Phantasien und Träumen findest du den Schlüssel zu deiner persönlichen Freiheit.

Bitte lies dies Buch langsam. Verschling es nicht in einem Zug, schnell und nur mit dem Verstand und denke nicht, daß du dann alles aufgenommen hast. Nimm dir Zeit ... Zeit, um einige der Übungen zu machen ... um bei den Punkten innezuhalten und Atem zu holen ... Viel Spaß!

Marcus Allen schloß 1968 mit Phi-Beta-Kappa sein Studium an der Universität von Minnesota ab. Er verbrachte einige Zeit bei einem professionellen Wandertheater, ehe er sich ganz dem Studium der östlichen Philosophie und dem Yoga, dem Zen-Buddhismus und dem tibetischen Buddhismus am Nyingma-Meditationszentrum in Berkeley, Kalifornien, widmete. Seit zwölf Jahren versucht er mit seinen Büchern, seiner Musik und seinen Seminaren, die Lehren und Praktiken des Ostens dem westlichen Publikum zugänglich zu machen. Er lebt in Mill Valley, Kalifornien.

Marcus Allen

Tantra für den Westen

Der direkte Weg zur persönlichen Freiheit

Deutsch von Eva Keller

rororo

transformation

rororo transformation
Herausgegeben von Bernd Jost
und Jutta Schwarz

Umschlagentwurf Peter Keller

Veröffentlicht im Rowohlt Taschenbuch Verlag GmbH,
Reinbek bei Hamburg, November 1987
Lizenzausgabe mit freundlicher Genehmigung von Werkstatt-Edition
Axel Dietrich Verlag

Die amerikanische Originalausgabe erschien unter dem Titel
«Tantra for the West» im Verlag Whatever Publishing, Mill Valley, USA
Aus dem Amerikanischen übertragen von Eva Keller

Satz Trump Mediaeval (Linotron 202)
Gesamtherstellung Clausen & Bosse, Leck
Printed in Germany
1080-ISBN 3 499 18392 7

Inhalt

In Liebe
Shakti Gawain
und
Sharon Scandur
gewidmet,
die mich, jede
auf ihre Weise,
Tantra
gelehrt haben

Vorwort

Das Tantra wurde mit den Wurzeln aus dem kargen tibetischen Boden herausgerissen und in die üppigen Gärten Amerikas verpflanzt. Dieses Buch ist die Frucht aus einem Garten, den Marcus Allen mit einzigartiger Sachkenntnis angelegt hat. Es verheißt uns den Widerhall heiliger Einheit in unserer westlichen Seele. Man muß nur tief einatmen, um den Moschusduft dieser feinen und doch kräftigen Aromata zu riechen – den frischen Wind der Freiheit –, und schon erlebt man das neue amerikanische Tantra. Es schlägt Brücken zwischen den Kulturen und wird von den alten Meistern nur noch schwach inspiriert.

Jeffrey Mishlove
Autor von Roots of Consciousness

Einführung

Wir sind alle auf dem Weg, jeder auf seinem ureigenen Pfad der Entwicklung. Es liegt in der Natur alles Lebendigen, zu wachsen und sich zu entwickeln, da bilden wir keine Ausnahme. Jeder hat seinen eigenen Stil – einige sind sehr diszipliniert. Andere haben keine Vorstellung von Disziplin oder finden gar Gefallen an ihr. Sie trinken lieber Bier und «schauen fern».

Ich möchte dir mit diesem Buch eine Sichtweise vermitteln, die dir tiefes, bedeutungsvolles Verständnis bringt und ein paar sehr praktische Werkzeuge für dein eigenes Wachstum, ungeachtet der Art zu leben, die du wählst.

Dieses Buch ist in seiner Form oft knapp und absichtlich kurz gehalten, umfaßt aber weite Gebiete. Es will eher zum Denken anregen, als fertige Erklärungen liefern. Es will dir zeigen, daß die Antworten in dir liegen – nicht irgendwo, in irgendeinem Buch oder in den Lehren anderer.

In deinen alltäglichen Gedanken und Gefühlen, in deiner Art zu leben, in deinen Phantasien und Träumen findest du den Schlüssel zu deiner persönlichen Freiheit.

Bitte lies dies Buch langsam. Verschling es nicht in einem Zug, schnell und nur mit dem Verstand und denke nicht, daß du dann alles aufgenommen hast. Nimm dir Zeit... Zeit, um einige der Übungen zu machen... um bei den Punkten innezuhalten und Atem zu holen... Viel Spaß!

I Zu Beginn

Wer nur zum Himmel strebt,
um seine Seele zu retten,
mag auf dem Weg bleiben,
doch nicht ans Ziel gelangen.
Die aber, die in Liebe wandeln,
mögen vom Weg abkommen.
Und doch wird Gott sie dahin führen,
wo ihre Bestimmung liegt.

– Henry Van Dyke
The Other Wise Man

Tantra im Westen – Weg zur Einheit...
Im ersten Buch, das ich über *Tantra* schrieb, tauchte das Wort selbst nicht ein einziges Mal auf. Da Tantra im Westen so mißverstanden und falsch übersetzt wurde, glaubte ich,

es sei besser, den Begriff erst gar nicht zu verwenden und die Verwirrung zu vermeiden, die durch eine weitere Definition entsteht. Ich wählte statt dessen das Wort «Wiedervereinigung» und nannte das Buch *Wiedervereinigung: Werkzeuge zur Transformation.*

Und doch ist die Idee, die das Wort *Tantra* darstellt, so faszinierend und brauchbar, um in unserer Zeit den westlichen Verstand zu öffnen, daß es mich immer wieder reizt, das Wort zu benutzen... und daß ich auch jetzt wieder darüber schreibe. Deshalb kann Tantra, richtig verstanden und gelebt, der direkteste Weg zu persönlicher Freiheit sein, der uns zugänglich ist.

Definition

Tantra ist nicht nur «der Yoga des Sex», wie oft geglaubt wird, es ist der Yoga, «der alles umfaßt». Und «Yoga» bedeutet «Vereinigung». Also gibt es die Möglichkeit, Tantra als «die Vereinigung von allem» oder «die Einheit jeden Augenblicks» zu definieren. Eine andere Möglichkeit, Tantra zu definieren, ist: *das Bewußtsein, das vollständige persönliche Freiheit erzeugt in jedem Augenblick unseres täglichen Lebens, ohne etwas abzulehnen.*

Tantra ist ein Pfad, ein Hilfsmittel, um zu persönlicher Freiheit zu gelangen. Was ist persönliche Freiheit? Es liegt ganz und gar an dir, das für dich zu entdecken und zu schaffen, denn Freiheit bedeutet, daß du du selbst sein kannst.

Tantra ist sehr offen, bietet unendliche Möglichkeiten – wie das Leben selbst und wie du. Tantra beinhaltet auch Sex, aber es beinhaltet auch alles andere – jeden Augenblick deines Lebens. Jeder Augenblick ist heilig, jeden Augenblick kannst du genießen und/oder als *Lehre* betrachten – als Weisung oder Botschaft – für dein Wachstum.

Alles, was du tust, getan hast und tun wirst, ist Teil deiner

Tantraübung, denn Tantra nutzt jeden Augenblick als Fahrzeug zur Freiheit. Durch tantrisches Bewußtsein entdecken wir die einzigartige Vollendung jeder Sekunde unseres Lebens.

Du mußt das nicht glauben – du mußt nichts von dem glauben, was noch kommt. Lies einfach mit offenem Herzen und wachem Geist, mach ein paar von den Übungen und beobachte, was geschieht. Dieses Buch ist eher zum Arbeiten und Experimentieren gedacht als nur zum Durchlesen. Es enthält machtvolle Werkzeuge, die dir helfen, Glück, Freiheit, Liebe, Reichtum, Kraft, Freude und Erfüllung zu erlangen – *was dein Herz begehrt.* Man muß diese Werkzeuge aber auch anwenden und nicht nur über sie lesen. Intellektuelles Verstehen unterscheidet sich grundsätzlich von den tiefgehenden Erfahrungen, die du mit deinem ganzen Wesen machst. Intellektuelles Verstehen wirkt sich nicht auf die Qualität deines täglichen Lebens aus, während solch tiefergehende Erfahrungen Wunder bewirken können.

Du kannst dein Leben auf wunderbare Weise verändern, indem du die folgenden Prinzipien und Techniken erforschst und anwendest – wenn du es wirklich willst. Du brauchst dich ihnen nur zu öffnen. Es liegt an dir.

II Die faszinierende Welt des Tantra

In den schwärzesten Augenblicken
liegen oft die schönsten Schätze verborgen

Die Uridee und die umfassenden Lehren, die das *Tantra* beinhaltet, sind so alt, daß kein Wissenschaftler oder Historiker sie je zurückverfolgen könnte. Das Wort selbst ist aus einer alten Sanskrit-Wortwurzel mit der Bedeutung *weben* entstanden. Tantra ist der Stoff des Lebens, das einmalige Lebensmuster, das wir im Laufe der Jahre gewebt haben.

Tantra kam aus zwei äußerst vielfältigen Traditionen zu uns: hinduistisches Tantra und buddhistisches Tantra. Höchstwahrscheinlich stammen beide aus Indien, obwohl das buddhistische Tantra über die tibetische Kultur zu uns kommt, da der Buddhismus vor etwa 1200 Jahren aus Indien verschwand. (Für weitere historische Details siehe: Anhang A: Tantra im Osten)

Obwohl jede Form des Tantra einmalig und anders ist, kann man ein paar wichtige Grundprinzipien des Tantra festlegen:

Tantra ist eine Lebensart, die alles Leben akzeptiert, nichts ablehnt. Tantra lehnt niemanden, keinen bestimmten «spirituellen» Weg und kein psychologisches Studiengebiet ab. Es umfaßt das ganze Leben. Alles hat seinen eigenen vollkommenen Grund zu sein.

Tantra zeigt, daß in jedem Augenblick unseres Lebens – in jedem Gefühl, Gedanken und Tun – tiefe und machtvolle Wahrheit liegt, die, wenn man sie in klarem Licht betrachtet, in kürzester Zeit zu persönlicher Freiheit führen kann.

Tantra lehrt Achtung des Individuums und betont, daß sich jedes Individuum auf die ihm eigene Weise entwickeln muß. Es gibt kein Patentrezept, das auf jeden anwendbar ist. Es gibt nur die endlose Evolution, in die wir verwickelt sind, ob wir uns dessen bewußt sind oder nicht. Uns ganz einfach dieses Ablaufs bewußt zu werden ist das Wichtigste, was wir tun können, um diesen Ablauf zu beschleunigen und einen Zustand des Seins zu erreichen, in dem wir glücklich und frei sind.

Die westliche Welt ist jetzt reif für die Ideen und Praktiken des Tantra. Westliche Menschen sind oft zu individualistisch und weltklug, um einen Großteil östlicher Gedanken und Bräuche annehmen zu können, denn sie beinhalten eine Menge indischen Kulturgutes. War Indien eine fruchtbare Quelle größter philosophischer und spiritueller Wahrheit, so ist das Land doch noch stark von den viktorianischen Glaubenssätzen und Lebensgewohnheiten beeinflußt, die während der britischen Herrschaft ins Land kamen. Das Ergebnis ist, daß viele spirituelle und philosophische Traditionen des Ostens den westlichen Menschen scheinbar dazu ermutigen, auf Sex, Fleisch, Alkohol, Kaffee oder andere «unreine» Lebensmittel zu verzichten, ein streng diszipliniertes Leben zu führen und ein Großteil seines kulturellen Erbes und seiner Lebensgewohnheiten abzulehnen.

Ein Studium der Geschichte des Tantra zeigt, daß seine Stärke, seine Fähigkeit, sich an andere Kulturen so erfolgreich anzupassen, auf der Tatsache beruht, daß Tantra nichts von der Kultur ablehnt, in die es eingeführt wird. Wir brauchen weder Sex, noch Fleisch oder Fernsehen aufzugeben, um frei und glücklich zu werden. Darin liegen Wirksamkeit und Stärke des Tantra. Wir können uns unser Leben genauso gestalten, wie wir es uns vorstellen.

Drei verschiedene Wege

Es gibt für alles eine passende Zeit, eine Zeit für jeden Weg. Der Pfad des Tantra ist keineswegs für jeden geeignet – nur für jene, die bereit sind, auch einen Sprung zu wagen.

Ein tibetischer *Lama*, ein wunderbarer Lehrer, der jetzt auch in Amerika ist, erzählte folgende kurze Parabel. Es ist eine alte tibetische Geschichte, die die verschiedenen Wege verschiedener Menschen aus einem einfachen und klaren Blickwinkel sieht und auch das Tantra sehr schön darstellt.

Durch die Wälder führt ein Weg. Ein undurchdringliches Dickicht giftiger Pflanzen wächst entlang des Weges, und an einer Stelle verschlingt es den Weg vollständig.

Ein Mönch – mit rasiertem Kopf, im Mönchsgewand und mit einer Bettelschale – kommt diesen Weg entlang. Er sieht die giftigen Pflanzen, dreht sich auf der Stelle um und geht in die andere Richtung weiter.

Dann kommt der Bodhisattva – der spirituell Suchende, der für die Erleuchtung aller Wesen wirkt – den Weg entlang. Er sieht, daß es keinen Weg um die giftigen Pflanzen herum gibt. Da bahnt er sich mutig und geschwind einen Pfad durch das Dickicht und geht auf dem Weg weiter.

Schließlich kommt ein tantrischer Yogi den Weg entlang. Er trägt äußerlich keine Zeichen spirituellen Interesses, anders als der Mönch und der Bodhisattva. Der Schüler des Tantra sieht das Gift und stürzt sich mitten hinein, auch wenn es ihn scheinbar vom Weg abbringt…

Der Schlüssel zum Verständnis dieser Geschichte ist auch der Schlüssel, der es uns möglich macht, den Wert des Tantra für unser Leben zu entdecken. Die giftigen Pflanzen stellen die sogenannten «schlechten» oder «trennenden» Gefühle dar – Ärger, Furcht, Gier, Eifersucht usw. (Es ist bemerkenswert, daß das tibetische Wort für «Gift» das gleiche ist wie das Wort für «schlechtes Gefühl».) Diese kleine Geschichte zeichnet ein klares Bild der drei möglichen Reaktionen auf unsere Gefühlsregungen: wir können vor ihnen davonlaufen, wir können so schnell wie möglich durch sie hindurchgehen oder wir können in sie hineinspringen und sie gänzlich erfahren.

Keine der drei Möglichkeiten ist besser als die andere – in der Parabel tat jeder das, was er tun mußte, und jeder muß respektiert werden. Es ist für Mönche bestimmter Traditionen durchaus richtig, sich von der Welt zurückzuziehen und Gefühle möglichst nicht zu beachten oder gar verschwinden zu lassen. Und für manche Menschen ist es richtig, nicht über «schlechte Gefühle» oder über den Tod zu sprechen und ein «freundliches Gesicht zu machen» – wir tun alle nur das, was wir auf der Entwicklungsstufe, die wir erreicht haben, tun müssen. Es ist aber ganz gut, sich bewußt zu sein, daß diese Menschen von der Angst getrieben werden und ihre Gefühle nicht überprüfen.

Für die spirituell Suchenden ist es das Richtige, schnell durch schlechte Gefühle hindurchzugehen und den Weg ihrer Arbeit in der Welt fortzusetzen. Manche Menschen betrachten ihre schlechten Gefühle als etwas, mit dem man so schnell wie möglich fertig werden muß, um einen liebevolleren und hilfreicheren Sinneszustand zu erreichen.

Sind die «tantrischen Yogis» mehr oder weniger entwikkelt, wenn sie sich in das Gift ihrer eigenen schlechten oder trennenden Gefühle fallen lassen? Das ist schwierig zu sagen. Aber eines ist sicher – mit dieser Methode werden sie sich schneller entwickeln als mit den langsameren Methoden, welche schlechte Gefühle vermeiden oder zumindest versuchen, sie zu verringern. Denn eine der wichtigsten Erkenntnisse über unsere sogenannten «schlechten» Gefühle ist, daß sie so lange ihre Macht behalten und immer wieder auftauchen, bis man sie genauer betrachtet, versteht und sich wirklich mit ihnen auseinandersetzt.

Der Pfad des Tantra ist der Pfad des Sprungs ins Feuer der Gefühle. Das ist letztendlich ein Pfad ungeheurer Kraft und wahrer Freiheit. Das bedeutet auch, unsere Gefühle spontan auszudrücken – was Kinder besonders gut beherrschen, bevor es ihnen mit Hilfe der Erziehung ausgetrieben wird, bevor man sie lehrt, ihre Freiheit aufzugeben und sechs Stunden am Tag in einem Klassenzimmer zu sitzen, ihren rationalen Verstand zu üben, ihre intuitiven Einsichten zu begraben und ihre Gefühle zu unterdrücken.

Schlechten Gefühlen nicht aus dem Weg gehen

Tantrisches Tun bezieht jeden Augenblick des Lebens mit ein. Es setzt Anerkennung all unserer Gedanken, Gefühle und Handlungen voraus und auch die Bereitschaft, damit umzugehen – sowohl mit «guten» als auch mit «schlechten» Gefühlen.

Als ich vor Jahren sehr intensiv an dem arbeitete, was mit diesem Buch seinen Höhepunkt erreichte, gestand ich es mir nicht zu, auch meine «schlechten» Gefühle auszudrükken. Ich glaubte, ich müßte immer gut und «bewußt» sein, müßte alles gelten lassen und dürfte nie jemanden tadeln oder kritisieren. Vor einigen Jahren glaubte ich tatsächlich noch, daß ich die «niederen, schlechten» Gefühle hinter mir gelassen hätte, in denen ich viele andere noch gefangen sah. Ich veränderte mich zutiefst und doch so unmerklich, daß ich es selbst nicht wahrnahm, bis es vorbei war: indem ich meine «schlechten» Gefühle nicht zuließ, entzog ich mich gleichsam der besten Gefühle. Lange Zeit unterdrückte ich Ärger und Kummer, verengte aber so das Spektrum meiner Empfindungsfähigkeit. Ich konnte mit gleichbleibender Beharrlichkeit zufrieden und auch irgendwie friedfertig sein, ich war auch die meiste Zeit glücklich, aber ich empfand keine wirklich tiefe Freude, überwältigende Liebe oder sonst eine Hochstimmung. Mein Leben war ruhig und ziemlich eingeschränkt geworden; ich ließ Angst und Wut nicht zu und konnte so Liebe und Freude nicht empfinden.

Als ich mir schließlich wieder erlaubte, «schlechte» Gefühle zu haben, mich «mitten hinein zu stürzen in das Gift», tauchten alle Arten guter Gefühle auf. Mein Spektrum emotionalen Erlebens erweiterte sich. Und das Leben wurde erfüllter und befriedigender. Tantra zu leben beinhaltet auch, daß du dich *alles* fühlen läßt, unabhängig davon, ob du oder ein anderer es für gut oder schlecht hält.

Indem wir uns unseren schlechten Gefühlen stellen, stürzen wir uns schon mitten hinein in tantrisches Erleben. Dazu möchte ich dich auch auffordern – jetzt, am Anfang dieses Buches, dem Anfang deiner Reise zum Tantra. Ich kann mir vorstellen, daß mancher denkt: «Moment mal! Ich dachte, es wird lustig und spannend!» Gut, ich kann dir auch versprechen, daß es lustig und spannend wird – zuerst müssen wir aber etwas dafür tun, innere Arbeit, die sich uns jedesmal stellt, wenn wir eine Situation schaffen, die weder lustig noch spannend ist.

Viele andere haben gesagt, sie wagten es nicht, sich ihren schlechten Gefühlen zu stellen, weil sie jemanden verletzen oder etwas zerstören würden, was sie später bereuen könnten. Ein Teilnehmer einer meiner Workshops ging sogar soweit zu sagen, daß, wenn er sich in seine Gefühle stürzte, er vielleicht loszöge und Hunderte von Frauen vergewaltigen und Hunderte von Männern töten würde! Eines, was diese Menschen nicht erkennen, ist, daß es erprobte Wege gibt, in Gefühle hineinzugehen – Wege, die andere oder dich selbst nicht verletzen. Viele der folgenden Übungen handeln von diesen Methoden.

Die meisten Menschen fürchten sich vor ihrer Wut. Das hält sie davon ab, sich ihr wirklich zu stellen und sie zum Ausdruck zu bringen. Sie tragen diese Wut dann aber schließlich jahrelang mit sich herum. Letztendlich machen sie ihren Körper kaputt und oft auch ihre Beziehungen, weil sich ihr Ärger dann versteckt äußert als Gereiztheit, Nervosität, Spannung und Zeiten dumpfer Stille.

Wenn du diesem Ärger Ausdruck verleihst, kannst du dich von ihm lösen. Du mußt aber niemanden angreifen, um ihn auszudrücken. Zwei der besten Methoden, die ich kenne, um etwas loszuwerden, sind: 1. brülle, schimpfe, fluche und sag alle möglichen furchtbaren Sachen, wenn du allein Auto fährst, 2. geh allein in dein Zimmer, leg ein Kissen aufs Bett und tu so, als ob das Kissen die Person wäre, über die du dich ärgerst. Dann schlag mit soviel Kraft drauf, wie du kannst. Reiß es in Fetzen, wenn es sein muß, um Dampf abzulassen.

Du wirst feststellen, daß du dich nachher viel besser,

leichter und befreiter fühlst, wenn du wirklich deinem Ärger in dieser Weise Luft machst und niemanden verletzt. Das Wichtigste ist, daß du den Ärger losgeworden bist und nicht weiterhin mit dir herumträgst.

Kommt er wieder, dann mach's noch mal und noch mal, wenn es nötig ist. Du wirst ihn aber bald ausgetragen haben, und er wird nicht wieder hochkommen.

Wenn du irgendwo bist, wo es dir nicht gefällt, oder wenn du dich einem «schlechten» Gefühl stellst, ist es sehr wichtig, eines zu sehen: es ist nicht unbedingt die Situation selbst oder das Gefühl selbst, welche dein Problem verursachen – deine eigene Abwehr der Situation und der Gefühle ist es, die das Problem noch viel schlimmer macht, als es sonst wäre.

Wehre deine Gefühle nicht ab. Sei statt dessen bei ihnen, achte sie und prüfe sie. Schau sie dir mit viel Geduld genau an. Achte auf das, was du dir selbst zu sagen hast, und schau auf die Gedanken, die dir durch den Kopf gehen. Betrachte sie ehrlich, offen und so objektiv wie möglich.

Daraus kannst du am besten lernen. Deine eigenen Gefühle halten soviel Wissen für dich bereit, wenn du sie nur erfaßt und genau betrachtest.

Du fragst vielleicht, was für ein Wissen aus Ärger, Eifersucht oder Reue entstehen mag. Sieh es einmal so: es gibt einen Grund, warum du so empfindest, oft einen sehr einfachen Grund. Wenn du aber in diesen Empfindungen gefangen bist, kannst du nicht sehen, warum du sie hervorbringst. Nimmst du dir aber Zeit, dich zu fragen, warum du so empfindest, kannst du Dinge über dich erfahren, die du nie so klar gesehen hast. Allein schon dieses Wissen kann einige sehr gute Veränderungen in deinem Leben bewirken – Veränderungen, die dich in vieler Hinsicht freier machen. Folgende Übung, «eine tantrische Übung», gibt dir ganz genaue Anweisungen dafür.

Vielleicht empfindest du Unentschlossenheit, Reue, Schmerz oder Ärger. Aber sieh genau hin – wehre diese Gefühle nicht ab, sondern komm ihnen statt dessen entgegen. Heiße sie willkommen, lebe sie aus (solange du niemanden dabei verletzt)! Entdecke, was du dir selbst zu sagen hast, auch wenn es dumm klingt, brutal, lieblos oder schlecht. Nur schon durch das Zurschaustellen dieser versteckten Gefühle läßt du das Licht deines Verstehens auf sie fallen und siehst genau, wo du dich selbst begrenzt. Viele «schlechte» Gefühle werden einfach schon dadurch gelöst, indem man ein klares Bild von ihnen bekommt und mit Vertrauen und Offenheit auf sie zugeht. Andere benötigen machtvollere Techniken, die wir in späteren Kapiteln behandeln werden.

Es ist wichtig zu sehen, daß jedes sogenannte «schlechte» Gefühl der Anfang des Verstehens sein kann, das zu wahrer Freiheit führt. Jedes Gefühl birgt eine Gelegenheit zu wachsen – wenn du dich hineinfallen läßt und entdeckst, um was es geht.

Wenn Buddha – der historische Buddha, der vor 2500 Jahren in Indien Religion und Philosophie revolutioniert hat – nicht durch eine Phase größter Verwirrung und Angst gegangen wäre, durch Furcht vor Krankheit, Alter und Tod in die Verzweiflung getrieben, dann hätte er nie diesen langjährigen Weg der Suche und Prüfungen beschritten. Und er wäre nie ein Buddha, ein «vollkommen Erleuchteter» geworden.

In den schwärzesten Augenblicken liegen oft die schönsten Schätze verborgen.

Eine tantrische Übung

Das ist die erste tantrische Übung in diesem Buch. Mancher wird überrascht sein – denn sie befaßt sich nicht mit Dingen, die normalerweise mit Tantra in Verbindung gebracht werden. Aber du wirst sehen, daß es wirklich eine tantrische Übung ist im weitesten, bedeutungsvollsten Sinn des Wortes. Diese Übung will dich zur Einsicht über dich selbst führen.

Diese Übung, die aus vier Schritten besteht, kannst du machen, wenn du dich nicht wohl fühlst, wenn du aufgeregt bist, wenn du dich selbst unter den Druck stellst, eine Entscheidung zu fällen, oder immer wenn du in tieferen Kontakt mit dir selbst kommen willst. Denk daran, daß eben der Zustand, in dem du dich gerade befindest, zu diesem Zeitpunkt eine einzigartige Lehre für dich bereithält. Diese Übung kann helfen, die Lehre klar zu sehen, die in jedem deiner Gefühle steckt. Sie kann dir helfen, die Gefühle zu durchbrechen, die dich zu beherrschen scheinen, und kann dir die Kraft geben, deine Gefühle und dich selbst zu beherrschen. Laß keinen dieser Schritte aus – besonders die nicht, die unbedeutend erscheinen:

1. *Stelle dir eine Frage, die dich mit den Gefühlen konfrontiert, die du erlebst. Zum Beispiel: «Welches Gespräch führe ich im Moment mit mir selbst?» Oder: «Was ist die Wahrheit über ——————?» Oder sogar: «Was fühle ich jetzt?»*

2. *Antworte dir mit den ersten Worten, die dir in den Sinn kommen, ohne sie zu zensieren.*

3. *Bestätige dich nach jeder Antwort, indem du dir selbst «Danke!» sagst dafür, daß du diese Gefühle mitgeteilt hast. Dann wiederhole diese Schritte immer wieder – bis du schließlich zu einer Antwort*

kommst, die dir klares Verständnis über deine Situation gibt. Du wirst es merken, wenn das geschieht, denn du fühlst dich dann besser, klarer, bist dir deiner Gefühle und Verhaltensweisen und auch deiner Entscheidungsmöglichkeiten bewußter

4. Teile deine Entdeckung innerhalb von einem oder zwei Tagen jemandem mit. Auch wenn du telefonieren oder schreiben mußt, ist es wichtig, deine Gefühle und Einsichten jemandem mitzuteilen, dem du nahestehst. Das gibt dem Ganzen dann einen Abschluß.

Diese Übung ist so einfach – und doch so wirkungsvoll! Sie bringt all die Gefühle zum Vorschein, die wir auf tieferen Ebenen empfinden. Wir gestehen uns aber nicht zu, sie bewußt zu prüfen, weil es keine «schönen» Empfindungen sind. Sobald sie auftauchen und wir sie akzeptieren, verlieren sie ihre Kraft. Es ist wichtig, diese Gefühle nicht zu verdrängen – verdrängen wir sie, dann geben wir ihnen die Kraft, unser Leben zu lenken. Das geschieht nur deshalb, weil wir fälschlicherweise glauben, daß diese Empfindungen wirklich und wirksam sind, wenn sie auch tatsächlich keine Macht über uns haben. Akzeptiere sie, bedanke dich bei dir selbst, daß du sie ausgedrückt hast, und betrachte sie mit wachem, klarem Geist. Einfach nur unsere Gefühle zu akzeptieren wirkt Wunder. Die leichten Schritte dieser Übung lassen uns zu unseren wahren Gefühlen finden.

Probiere diese Übung aus, wenn du das nächste Mal aufgeregt bist oder wenn du ein Problem hast, das unlösbar scheint. Bleib so lange dabei, bis du zu den Wurzeln des Problems gelangst, dann wirst du das Problem auch an seinen Wurzeln lösen. Und du wirst die wahre Bedeutung des Wortes *Tantra* finden.

Eine Botschaft an mich selbst

Du darfst die Traurigkeit nicht abwehren
Du darfst die Sorge nicht abwehren
Du darfst Leiden und Schmerz nicht abwehren

Gesegnet sind diese Dinge
Denn durch sie wachsen wir
Zum wahren Verstehen
Unseres Weges

III Aussagen

Positive Aussagen haben die größte Macht im Universum hinter sich: die Macht der Wahrheit

Die Übung im vorhergehenden Kapitel sollte einfach dazu anregen, dich deinen Gefühlen zu stellen und sie anzunehmen, offen und ehrlich. In vielen Fällen ist nichts anderes notwendig. In manchen Fällen müssen wir andere Methoden anwenden, um uns selbst Freiheit zu lehren. Aussagen zu machen ist eine sehr einfache und zugleich sehr machtvolle Methode, um unsere Lebensqualität zu verändern und das zu erschaffen, was wir uns wünschen.

Aussagekraft

Die Kraft einer Aussage kann man sehr einfach feststellen: Aussagen haben schöpferische Kraft. Denn

«Am Anfang war das Wort...»

(Joh. 1:1)

Wenn man einmal das Prinzip verstanden hat, ist es kaum noch geheimnisvoll, wie und warum Aussagen wirken. Eine Aussage ist einfach eine ausgesprochene Behauptung in der Gegenwartsform, die eine gewünschte Wirklichkeit schafft.

Unser ganzes Leben lang haben wir Aussagen gemacht. Und andere haben Aussagen über uns gemacht. Das einzige Problem war, daß wir uns des Ablaufs und der Kraft der Aussagen nicht bewußt gewesen sind, und so haben wir eine Menge gesagt, was besser ungesagt geblieben wäre.

Alles, was du dir sagst oder denkst, ist eine Aussage. Alles, was dir ein anderer sagt, ist eine Feststellung, wenn du sie annimmst. Unser Unterbewußtsein nimmt alles an – ob es gut oder schlecht ist. Die meisten von uns sind in einer Umgebung aufgewachsen, die sie nicht nur gefördert hat; die meisten von uns hatten Eltern, Verwandte, Freunde und andere Bekannte, die eine Menge scheußlicher Sachen zu uns gesagt haben, die zerstörerisch auf unser Selbstbild wirkten. Kinder behaupten oft voneinander, dumm, häßlich oder unfähig zu sein. Geschwister sprechen oft in einem wenig schmeichelhaften Ton miteinander. Das sind negative Aussagen und Behauptungen.

Die meisten Menschen haben das verinnerlicht, was ihnen Eltern, Lehrer, Freunde und Bekannte gesagt haben, als sie noch zu jung waren, um es zu hinterfragen oder dem keine Beachtung zu schenken. Und gerade diese Aussagen sind dann besonders wirkungsvoll, wenn eine starke Emotion dahintersteckt – jener Augenblick, wenn Mutti total außer sich ist und schluchzt: «Du tust nie was für mich!» gibt dem Kind eine Bestätigung seiner Selbstsüchtigkeit und Wertlosigkeit

Kein Wunder also, daß wir uns mit unseren eigenen Aussagen in Neurose, Armut, Selbstsüchtigkeit, Unscheinbarkeit, Krankheit, schwache und begrenzte Selbstbilder usw. hineinbringen. Glücklicherweise sind Aussagen so wirkungsvoll. So können bewußte, tiefe und positive Aussagen, die man täglich ein paar Minuten lang wiederholt, Jahre unbewußter, tiefer, negativer Aussagen zunichte machen. Das ist vor allem richtig, weil die positiven Aussagen die größte Macht im Universum hinter sich haben: die Macht der Wahrheit. Weil es die Wahrheit ist, daß wir freie Wesen *sind* – wir sind nicht begrenzt oder eingeschränkt. Das Leben lohnt sich. Wir sind gut – nicht schlecht. Und wir sind wirklich fähig zu lieben – auch wenn diese Liebe unter Jahren von unterdrücktem Ärger, von Schuldgefühlen und Frustrationen begraben sein mag.

Mache Aussagen über das, von dem du in deinem Herzen weißt, daß es wahr ist, und du wirst jene Realität erschaffen. Sage dir, daß du frei, stark, anziehend, wohlhabend und liebevoll bist – und du wirst häufig schon nach kurzer Zeit feststellen, daß deine Umwelt sich verändert, weil sie die Veränderung deines innersten Bewußtseins widerspiegelt.

Der Schöpfungsakt

Um zu verstehen, mit welcher Kraft eine Aussage etwas erschaffen kann, müssen wir zuerst verstehen, wie die Schöpfung arbeitet. Eine Vielzahl unterschiedlichster Mythologien, mystischer Traditionen, wissenschaftlicher Studien und Religionen haben die Geheimnisse der Schöpfung erforscht. Viele haben ähnliche Ergebnisse erzielt. Ich meine, daß die *Kabbala* – das sogenannte «esoterische» Judentum – es sehr klar und einfach ausdrückt. Wer sich mit anderen Traditionen beschäftigt hat, wird viele Ähnlichkeiten entdecken. Die Kabbala zu studieren heißt vom «Baum des Lebens» lernen. Der Baum des Lebens beinhaltet alles. Die Erschaffung des Lebensbaumes stellt die Geheimnisse aller Schöpfung dar. Und das Studium des Lebensbaums enthüllt uns die Rätsel über uns selbst, denn wir sind ein Mikrokosmos, der den weiten Makrokosmos widerspiegelt: «Wie oben, so unten.»

Der Lebensbaum entsteht in der Leere, in der weiten, strahlenden Leere des Raums. Zuerst ist da ein sehr feiner «geistiger Impuls» – der schöpferische Impuls. Dann wird dieser sehr feine spirituelle Impuls fühlbarer: ein *Gedanke*, ein klarer, eindeutiger Antrieb, etwas zu erschaffen. Ist der Impuls erst einmal zum Gedanken geworden, gewinnt er Schwungkraft und wird zum *Gefühl*, zum emotionalen Impuls. Dieses Gefühl, unterstützt von dem dauernden Gedanken, *manifestiert sich bald in physischer Form*, als Objekt, das wir mit unseren Sinnen wahrnehmen können.

Die Erschaffung des Lebensbaums stellt den Schöpfungsweg allen Lebens dar. Alles ist diese Bahn gegangen: zuerst ist es ein geistiger Impuls, dann ein Gedanke, dann ein Gefühl, dann erscheint es auf der physischen Ebene. Alles, was wir uns im Leben erschaffen haben, war zuerst ein Gedanke und dann ein Gefühl. Alles, was unser Geist beständig für wirklich und wahrhaftig hält, wird in unserer materiellen Welt wirklich oder wahrhaftig werden.

Das erklärt, warum Worte solch eine Macht haben – und warum sie nicht so geheimnisvoll sind. Worte sind unsere reinen Gedanken, unterstützt von unseren Gefühlen. Die ganze Zeit stellen wir Behauptungen auf – ob bewußt oder unbewußt. Das Universum sagt immer «ja» zu unseren Behauptungen, unterstützt sie immer. Denn das Universum sind *wir, wir* sind der Baum des Lebens, und wir schaffen uns unsere Wirklichkeit selbst durch unsere Gedanken, Gefühle und geistigen Impulse.

Die Macht unserer Worte

Durch unsere Worte und die Gedanken dahinter geben wir unserem Körper andauernd Handlungsanweisungen. Wenn wir ganz aufmerksam sind, können wir diesen Prozeß wahrnehmen.

Wie wir gesehen haben, ist alles, bevor es auf materieller Ebene entsteht, zuerst ein Gedanke, dann ein Gefühl. Bevor wir ein Haus bauen können, müssen wir zuerst einen Entwurf haben, eine Zeichnung, eine *Idee*. Worte sind schöpferische Gedanken, die ausgesprochen und somit der Welt kundgetan wurden.

Viele Menschen sind sich dessen nicht bewußt – und sie sagen oft Dinge wie: «Das macht mich wirklich krank», oder «Dieser Job bringt mich noch um», «Dieser Mensch geht mir auf die Nerven», «Das macht mich verrückt» oder «Das kann ich nicht». Diese Worte sind Aussagen wie alle anderen Worte auch. Kein Wunder, daß diese Menschen krank werden, zu jung an ihren Jobs sterben, die sie hassen, Kopfschmerzen bekommen, verrückt werden und am Leben scheitern.

Schau dir dein Leben an – ganz ehrlich. Du wirst die Manifestation deiner eigenen Aussagen und Behauptungen entdecken. Viele von uns haben eine Menge Dinge erschaffen, auf die sie gerne wieder verzichten würden. Dann ist es an der Zeit, sich Besseres zu erschaffen.

Wie man Aussagen macht

Jeder Gedanke und jedes Wort – positiv oder negativ – ist eine Aussage und schafft die Wirklichkeit der Aussagen. Die einfachste Art, Aussagen ganz bewußt zu machen, ist, sie zu sich selbst zu sagen, laut oder leise, wann immer du willst. Sag sie dir besonders dann, wenn du negativen Gedanken oder Worten entgegenwirken willst, bei denen du dich ertappst. Das soll kein Werkzeug zur Unterdrückung sein – gesteh dir alle Gedanken und Gefühle zu, die du hast – verdränge sie nicht – nimm dir aber trotzdem die Zeit und Energie, dir eine wünschenswertere Wirklichkeit vorzustellen, nachdem du deine sogenannten «schlechten» Gefühle erlebt und erforscht hast.

Wenn du zum Beispiel denkst: «Dieser Job macht mich ganz krank», dann schau dir genau an, was du da denkst, und finde heraus, ob das wirklich etwas ist, was du für dich selbst erschaffen willst. Wenn es das nicht ist, dann bestätige dir selbst, laut oder leise und mit viel Gefühl: «Bei meiner Arbeit bin ich gesund und stark» oder «Ich bin ewig jung, gesund und stark» oder etwas, was du für gut hältst. Wiederhole es, wenn es notwendig ist, und sag es mit Gefühl, bis du spürst, daß du es verinnerlicht hast. Allein schon durch das bewußtere Wahrnehmen dessen, was du sagst und denkst, wirst du feststellen, daß du jede Menge Material hast, mit dem du arbeiten kannst. Achte darauf, was in deinem Leben nicht funktioniert und finde Aussagen, die diese Umstände verbessern.

Natürlich kann das, was du für deine Arbeit empfindest, ein guter Grund sein, um einen anderen, gesünderen Job zu suchen. Wenn du dich aber dafür entschieden hast, diese Situation für die nächste Zeit beizubehalten, dann denke darüber so positiv wie möglich.

Mache die Aussagen in der Gegenwartsform – auch wenn es dir unrealistisch erscheint. Sag nicht: «*Ich werde haben,* was mein Herz begehrt», weil das Ergebnis dann immer darauf wartet, in der Zukunft zu geschehen. Unterbrich statt dessen deine momentanen Gedanken für einen Augenblick und sage: «Ich habe jetzt, was mein Herz begehrt!» – und du wirst bald merken, daß das wahr ist. Wie bald das eintritt, was du dir wünschst, hängt davon ab, wie sehr du deine Aussage bekräftigst und ob du nicht auf tieferen Ebenen deines Bewußtseins (deiner unterbewußten negativen Überzeugungen) genau das Gegenteil sagst.

Aussagen und Meditation

Aussagen können auch in der gelösten Geistes- und Körperhaltung gemacht werden, die meist «Meditation» genannt wird. Du solltest unter allen Umständen Zeit finden zu meditieren – auch schon fünf Minuten am Morgen bringen nach ein oder zwei Wochen Ergebnisse. Die folgende Übung entspannt, gibt Energie und ist gut für die Gesundheit. Außerdem ist sie der beste Weg, um Aussagen wirklich zu verinnerlichen. Es ist die wirkungsvollste Art, das zu erschaffen, was du dir wünschst.

Sitze oder liege bequem. Mach ein paar reinigende Atemzüge – atme einige Minuten tief, wenn es dir gelingt. Tief atmen gehört zu den besten Dingen, die wir für Körper, Geist und Seele tun können.

Schließe deine Augen, atme tief ein und sage dir im stillen, wenn du ausatmest: «Mein Körper ist jetzt entspannt.» *Atme wieder ein und sage dir beim Ausatmen:* «Mein Geist ist jetzt entspannt.» *Atme ein letztes Mal tief ein und sage dir, wenn du ausatmest:* «Ich lasse jetzt alles gehen.»

Suche dir dann eine Aussage aus – eine Anweisung,

die du deinem Körper und deinem Geist geben möchtest, etwas, das du erschaffen möchtest. Sieh, wie es sich hier und jetzt ereignet, während du deine Aussage machst. Wenn Aufregung und Begeisterung auftauchen, um die Aussage zu unterstützen, um so besser – je stärker das Gefühl ist, um so eher manifestiert sich die Wirklichkeit, die du erschaffen willst.

Wiederhole alle Aussagen, bis du ein gutes Gefühl dabei hast. Probiere es einmal mit folgenden und achte darauf, wie sie wirken:

«Ich bin ganz entspannt…»

«Ich bin gesund und kräftig…»

«Ich öffne mich, ich bin frei…»

Fühle dich entspannt. Betrachte dich als kräftig und gesund. Fühl dich offen und frei.

Wähle andere Aussagen, die du wirken lassen willst, wiederhole sie mehrere Male, bis du dir sicher bist, daß dein Unterbewußtsein die Botschaft erhalten hat. Stell dir vor, daß du die Aussage vollkommen erfüllt hast.

Es soll dir Freude machen – sei nicht so verbissen dabei. Erfreue dich deiner schöpferischen Vorstellungskraft.

Nimm am Schluß deiner meditativen Aussagen noch einen tiefen Atemzug und sage dir:

«Das oder etwas Besseres manifestiert sich jetzt zum Besten für alle! So soll es sein! So ist es!»

Komm jetzt in deinen Wachzustand zurück, tief entspannt und erfrischt, aufgeladen, fähig, das zu erreichen, was du dir wünschst.

Je mehr Energie du in deine Aussagen legst, um so eher wirst du Ergebnisse sehen. Stell dir vor, daß du ganz einfach und ohne Anstrengung das wirst, was du sagst. Es ist nicht schlimm, wenn du es nicht ganz genau mit deinem geistigen Auge «visualisieren» kannst – fühle es, stell es dir vor. Damit schaffst du die Wirklichkeit in deinen Gedanken und Empfindungen. Bald wir ein tiefer Kraftquell in dir – die Kraft deines Unterbewußtseins, deine Verbindung mit dem Unendlichen – das in der materiellen Welt erschaffen, was deine Aussagen beinhalten.

Schriftliche Aussagen

Du kannst den Erfolg einer Aussage daran messen, ob sie sich bald in deiner Welt manifestiert oder nicht. Du solltest möglichst alles, was du aussagst, innerhalb von 21 Tagen manifestieren können. Es gibt natürlich Ausnahmen, wenn das Vorhaben umfangreich oder schwierig ist oder wenn das Ziel noch in weiter Ferne liegt. Die Ergebnisse sollten aber in kurzer Zeit für dich klar ersichtlich werden. Du solltest die Veränderung spüren können. Wenn sich die Ergebnisse nicht einstellen, liegt es nur daran, daß du auf tieferen, vielleicht weniger bewußten Ebenen etwas anderes aussagst. Und das erschafft dann etwas, was im Widerspruch steht zu dem , was du bewußt aussagst.

Wenn du dir zum Beispiel immer wieder sagst:

«Meine Verbindung mit der unendlichen Intelligenz bringt mir ungeheuren persönlichen Erfolg»

täglich und mit viel Gefühl, und nach drei Wochen bist du immer noch pleite, dann mußt du herausfinden, was du dir sonst noch sagst und was dir diese widersprüchliche Wirklichkeit erschafft. Aussagen und die Erwiderungen auf diese

Aussagen niederzuschreiben ist die beste Möglichkeit, das herauszufinden.

Nimm ein Heft. Über eine Seite schreibst du «Aussagen». Über die nächste Seite schreibst du «Danke». Schreibe dann deine Aussage auf die Seite, die mit «Aussagen» überschrieben ist. Richte deine ganze Aufmerksamkeit darauf; leg dein ganzes Gefühl hinein. Du möchtest selbständig sein oder schön oder was auch immer – und wenn du es auch wirklich verdient hast, dann solltest du es auch für dich verwirklichen können.

Schreibe weiterhin dieselbe Aussage auf und richte immer noch deine ganze Aufmerksamkeit darauf. Du wirst wahrscheinlich bald feststellen, daß irgendein innerer Widerstand auftaucht – Worte, die du zu dir selbst sagst auf tieferen Ebenen. Was es auch sein mag, schreib es auf die «Danke»-Seite. Auf dieser Seite sollst du alle Reaktionen auf deine Aussagen zum Ausdruck bringen.

Angenommen du schreibst zum Beispiel: *«Meine Verbindung mit der unendlichen Intelligenz...»*, und denkst dabei: «Was für eine Verbindung? Ich bin doch zu dumm!» Dann wechsle sofort auf die «Danke»-Seite und schreibe diese Worte. Sie heißt «Danke»-Seite, weil du dich, wenn du diese Worte niederschreibst, im Geiste bei dir selbst bedankst, daß du dir dies mitgeteilt hast (das klingt vielleicht sehr künstlich oder merkwürdig, aber es *funktioniert*). Schreib dann weiter deine Aussage auf: *«... bringt mir ungeheuren persönlichen Erfolg.»* Da denkst du plötzlich: «Ungeheuren persönlichen Erfolg? Damit könnte ich niemals umgehen!» – also schreib das auf deine «Danke»-Seite. Geh wieder zurück und schreibe weiterhin deine Aussage auf. Und so weiter.

Wenn du deine Aussage zehn- oder zwanzigmal geschrieben hast, hast du vielleicht zehn, zwanzig oder dreißig Kommentare auf der «Danke»-Seite. Schau sie dir genau an – das sind die Dinge, die du dir auf tieferen Ebenen sagst und die deine derzeitige Wirklichkeit erschaffen. Manchmal genügt es schon, sie sich anzuschauen und zu sehen, wie dumm und wie falsch sie für dich sind. Manchmal lösen sich diese negativen Aussagen auf, sobald du sie näher betrachtest. Ein andermal mußt du neue Aussagen schaffen, die nur dafür bestimmt sind, das unwirksam zu machen, was du dir selbst einredest. Im Beispiel von oben, wo du feststellst, daß du denkst, du könntest nicht mit persönlichem Erfolg umgehen, solltest du vielleicht etwa folgende Aussage machen: *«Ich kann mit ungeheurem persönlichen Erfolg mit Leichtigkeit umgehen»* – oder, wenn dir das zuviel ist, dann drücke es schwächer aus und sage: *«Ich kann mit meinen Finanzen geschickt umgehen.»*

Wiederhole das nötigenfalls täglich. Brich deine Widerstände mit Hilfe weiterer Aussagen. Das ist alles, was du zu tun brauchst. Wenn du schließlich zum Kern deines Widerstandes vordringst – zu dem, was du weiterhin festhältst, dem Schlimmsten über dich, das du noch nicht einmal dir selbst eingestanden hat –, wenn du es schließlich auf deine «Danke»-Seite schreibst, wirst du spüren, wie sich etwas in dir löst. Finde heraus, welche Aussage dazugehört, und entlasse es für alle Zeiten aus deinem Bewußtsein. Du wirst dich wundervoll (buchstäblich Wunder voll) fühlen. Jetzt kommst du an deine eigene Kraft heran. Jetzt engst du dich selbst nicht mehr ein. Du bist frei zu sein, wer du willst, und dir das Leben zu schaffen, das du willst. Das ist dein Geburtsrecht.

Nachstehend einige Musteraussagen, mit denen ich selbst gearbeitet habe. Sie mögen dir als Beispiele dienen, deine eigenen zu machen.

Ich habe inneren Frieden und Zufriedenheit – gutes Gelingen!

Ich habe gänzliche Freiheit, das zu tun, was ich will.

Ich schaffe jetzt Frieden auf der Welt und ihre Umwandlung.

Ich bin ein offener Kanal für großartige schöpferische Kraft, die endlos fließt und sich in vielerlei Formen offenbart.

Ich habe wirklich Vertrauen zu mir und ein sehr positives Selbstbild.

Ich habe eine tiefe Verbindung zu meinem höheren Selbst und zu meiner Erleuchtung.

Ich habe schöne, harmonische und befriedigende Beziehungen.

Solange ich es will, erfreue ich mich in diesem Körper vollkommener Gesundheit.

Mein Einkommen ist größer als meine Ausgaben.

Meine Verbindung mit der unendlichen Intelligenz bringt mir ungeheuren persönlichen Erfolg.

Arbeite und spiele mit einer, zwei oder drei zur gleichen Zeit – mit so vielen, wie du glaubst, umgehen zu können –, bis du Ergebnisse erzielst.

Ein weitverbreiteter Irrtum

Ich muß auf einen weitverbreiteten Fehler hinweisen, dem viele unterliegen, wenn sie anfangen, Aussagen zu machen: es ist ein Irrtum anzunehmen, daß die Aussagen selbst die ganze Arbeit machen und man dann nichts mehr zu tun braucht.

Es ist richtig, daß in vielen Fällen die Aussage allein schon das erreicht, was beabsichtigt wurde. In diesen Fällen brauchen wir bloß die Aussage unserem Unterbewußten zu unterbreiten, und schon sind die Kräfte in Bewegung gesetzt, die ganz von selbst das erschaffen, was wir uns wünschen. Das ist die Kraft menschlicher Energie – unseres Bewußtseins und Unterbewußtseins. Wenn du das erlebst – wie ich es viele Male erlebt habe –, dann ist das eine aufregende und erfüllende Erfahrung.

Aber es gibt viele Aussagen, die durch eine ganze Reihe mechanischer Abläufe in der Welt unterstützt und vervollständigt werden müssen. Aussagen für Reichtum, schöpferische Ausdruckskraft oder einen idealen Job zum Beispiel müssen zusammen mit sehr logischen Schritten in der Welt gemacht werden. Diese Schritte sind einfach herauszufinden – du kennst sie entweder schon oder brauchst sie nur zu suchen.

Um Reichtum zu erschaffen, mußt du zum Beispiel herausfinden, welchen Dienst oder welches Produkt du der Welt anbieten kannst, wofür du dann gut bezahlt wirst. Dann mußt du dir die notwendigen Schritte vergegenwärtigen, die notwendig sind, um diesen Dienst oder dieses Produkt verfügbar zu machen: eine Broschüre machen, Muster herstellen, eine Rechnung aufstellen usw.

Ich habe Leute kennengelernt, die sich Reichtum gewünscht haben und dann einen unerwarteten Scheck in der Post fanden oder Geld erbten, von dem sie nichts wußten. Die meisten aber, die sich Reichtum erfolgreich herbeiwünschen, merken, daß sie die notwendige Grundlage schaffen müssen, um ihre Talente und Fähigkeiten der Welt anzubieten.

Fahre fort mit deinen Aussagen, dann wird dir klarwerden, was du zu tun hast.

Hab Geduld

Um deine persönliche Freiheit so zu erschaffen, wie du es dir vorstellst, brauchst du Geduld und Beharrlichkeit. Die Welt wurde nicht in einem Tag erschaffen. Es kann schon vorkommen, daß sich eine Aussage eben in dem Augenblick manifestiert, in dem du sie machst. Die meisten Schöpfungen brauchen aber einige Zeit, um zu entstehen. Gib dem Samen etwa eine Woche, um zu keimen. Dann gib der Pflanze einige Wochen oder sogar Monate, um sich zu entwickeln. Gib einer Aussage mindestens drei Wochen, um Ergebnisse zu zeigen. Eine Aussage, die so umfassend ist wie «*Meine Verbindung mit der unendlichen Intelligenz bringt mir ungeheuren persönlichen Erfolg*», braucht vielleicht Jahre, um sich vollständig zu manifestieren. Du solltest aber schon innerhalb von drei Wochen, nachdem du die Aussage täglich wiederholt hast, Veränderungen bemerken und Ergebnisse sehen. In diesem Beispiel wirst du bemerken, daß du schöpferische Wege entdeckst, um Geld zu machen. Du wirst kaum noch so pleite sein und du wirst dich weitaus reicher *fühlen* – auch wenn sich dein Bankkonto in diesen drei Wochen wenig verändert hat. Wenn du geduldig und ausdauernd bist, wird es wachsen.

Eine Aussage, die für mich meistens sofort funktionierte, war «*Ich ordne meine Angelegenheiten*». Jahrelang hatte ich mir eingeredet, daß ich unordentlich sei. Sobald ich aber zu mir selbst nur einige Male in einer Sitzung sagte: «Ich ordne meine Angelegenheiten», spürte ich, wie die Wahrheit dieser Behauptung mein Wesen erfüllte. Ich stand auf und begann sogleich, alles aufzuschreiben, was ich in meinen Plänen, Wünschen und Träumen tun wollte. Dann ordnete ich alles und machte eine Liste mit den Prioritäten an der Spitze. Ich hörte auf, mich als begrenztes, unordentliches Wesen zu betrachten, und sah mich im gleichen Augenblick als Mensch, der zu klarer Einteilung fähig ist. Es war einfach. Innerhalb weniger Wochen hatte ich ein Ablagesystem für persönliche und geschäftliche Angelegenheiten angelegt, hatte meinen Schreib- und Arbeitsplatz aufgeräumt und hatte mich daran gewöhnt, täglich alles aufzuschreiben, was ich vorhatte, es nach Wichtigkeit zu ordnen und auch so damit umzugehen.

Wenn du dazu bereit bist, manifestieren sich deine Aussagen vielleicht genauso schnell. Gewöhnlich dauert es aber länger. Gib aber nicht auf, sondern arbeite täglich daran (oder mindestens drei- oder viermal pro Woche). Wenn du meinst, daß eine bestimmte Aussage ihre Energie verliert, wenn sie dir leblos erscheint und du keine Verbindung mehr spürst, dann suche nach einer anderen Art, sie für dich kraftvoll auszudrücken.

Wenn du nach drei Wochen keine erkennbaren Ergebnisse erzielst, dann versuche, deine Aussagen und deine Widerstände aufzuschreiben. Finde heraus, welche Widerstände dich daran hindern, Gutes für dich zu erschaffen. Und dann finde die gegenteiligen Aussagen.

Mancher stellt überrascht fest, daß wir das erschaffen, *was wir uns wünschen.* Wir erschaffen vielleicht nicht das, was wir zu wünschen glauben, tatsächlich erschaffen wir aber das, was wir auf tiefen, vielleicht unbewußten Ebenen wünschen. Wenn du pleite bist, dann weil du es sein willst, weil du meinst, es verdient zu haben oder weil du glaubst, nicht mit Geld umgehen zu können. Finde Aussagen, die dein Denken über diese Dinge ändern. Wenn du allein bist, dann weil du es sein willst. Es gibt keine andere Entschuldigung. Wenn du wirklich glaubst, nicht allein sein zu wollen, und für eine vollkommene Beziehung bereit bist, dann sage das zu dir selbst, und du wirst sie dir schaffen. Alles, was es braucht, ist eine starke, gezielte Aussage aus voller Überzeugung, Geduld und Beharrlichkeit.

Das Gesetz des Karma

Aussagen arbeiten nur für das Gute – das heißt zum Besten aller Beteiligten. Wenn jemand diese Werkzeuge nur zu seinem «Besten» auf Kosten anderer anwenden will, dann schafft er sich selbst Probleme. Weil er das Gesetz des *Karma* mißachtet. In Kurzform ausgedrückt besagt das Gesetz des Karma, daß das Universum so eingerichtet ist, daß alles, was du tust, zu dir zurückkehrt. Sind deine Gedanken von Liebe erfüllt, dann lebst du in einer liebevollen Welt. Sind deine Gedanken von Haß erfüllt, dann lebst du in einer haßerfüllten Welt. Versuchst du, jemandem Unrecht zu tun, dann wird dir Unrecht getan.

Deshalb gibt es keinen Grund, diese machtvollen Werkzeuge zu fürchten – oder schwarze Magie, Hexen (in der negativen Bedeutung des Wortes) oder sogar die Auswirkungen chemischer oder atomarer Energie –, denn jeder, der versucht anderen zu schaden, sei es durch Aussagen, Mißachtung oder andere Mittel, verletzt letztendlich sich selbst. Das Gesetz des Karma ist unfehlbar. Wenn du auch nur das geringste Gefühl hast, daß deine Aussage nicht das Beste für dich oder andere ist, dann beende deine Aussage mit den Worten: *«Dies oder etwas Besseres manifestiert sich jetzt zum Besten für alle Beteiligten.»*

Lehn dich zurück, entspanne dich und genieße die Früchte deiner Schöpfung.

Leicht und mühelos

Zum Abschluß dieses Kapitels möchte ich noch eine Aussage nennen, die besonders in der heutigen Zeit sehr kraftvoll ist:

«...kommt zu mir, leicht und mühelos.»

Trage in den freigelassenen Raum das ein, was du dir wünschst.

Oft ist das größte Hindernis, daß wir zu verbissen sind, wenn wir etwas erreichen wollen; besonders wenn es sich um unsere sehnlichsten Wünsche handelt.

Das Leben muß wirklich kein Kampf sein. Schau dir die Bäume, die Blumen, die Vögel und die anderen Tiere an. Kämpfen sie ums Überleben? «Sieh die Lilien auf dem Felde...»

Sage dir nur einfach:

«Freiheit kommt zu mir, leicht und mühelos.»

«Liebe...»

«Reichtum...»

«Glück...»

Und auch ganz bestimmte Dinge wie zum Beispiel:

«Vollendete künstlerische Ausdruckskraft kommt zu mir, leicht und mühelos.»

«Mein Buch...»

«Schöpferische Kraft...»

Sogar ganz spezielle Vorhaben und Verpflichtungen können mit dieser Aussage leicht und mühelos beendet und erfüllt werden.

Bittest du das Universum um etwas, so wirst du es bekommen – wenn du es nicht auf tieferen Ebenen deines Wesens ablehnst. Laß alles zu dir kommen, einfach und mühelos. Du verdienst es. Du hast das Recht, alles zu haben. Und nun hältst du in deinen Händen die Werkzeuge, um das zu erschaffen, was du willst... was dein Herz begehrt.

IV Beziehungen

Vergiß nicht, daß du deine
Beziehungen selbst auswählst –
ob bewußt oder unbewußt…
Sie geschehen für deine Entwicklung –
für dein Wachstum zu
wahrer Freiheit, Kreativität
und Zufriedenheit

Unsere Beziehungen zu anderen – sowohl Bekanntschaften als auch intime Beziehungen – geben uns beständig ein wahrheitsgetreues Abbild von uns selbst. Wenn du in deinem Leben meist liebevolle, hilfreiche Beziehungen geschaffen hast, dann würdige das – offensichtlich liebst und stärkst du dich. Hast du schwierige Beziehungen geschaffen, die mit Ärger und Verdruß verbunden sind, dann schau in dich, um die Quelle von Ärger und Verdruß zu finden. Jener andere Mensch «tut dir das nicht an» oder «ärgert dich» – du selbst bist es, der dir das antut, du ärgerst dich selbst. Dieser Mensch tut dir einen Gefallen, indem er dafür sorgt, daß du dir unbewußter Ebenen bewußt wirst, und aufzeigt, wo du dich verändern mußt, um wirklich frei zu sein. Wir sollten jenen, zu denen wir schwierige Beziehungen haben, eher danken, als ihnen Vorwürfe machen: Sie sind unsere besten Lehrer.

Eine ehrliche Einschätzung unserer Beziehungen liefert uns wertvolles Material, um unser Wachstum zu fördern. In den Erfahrungen aus unseren Beziehungen liegen Schlüssel zur Freiheit. Wir wollen diese Schlüssel suchen, denn sie sind in jedem von uns.

Tantrische Beziehungen

Wenn wir es in diesem Licht betrachten, ist jede Beziehung, die wir haben, eine tantrische Beziehung. Denn jede Beziehung ist ein starkes Sichmitteilen, das wir geschaffen haben, um in jedem Augenblick zu lernen und zu wachsen. Wir waren uns dieser Tatsache vielleicht nicht bewußt, doch gibt es triftige Gründe für all unsere Beziehungen, intime und andere.

Schau dir jede tiefe, andauernde Beziehung an, die du hattest. Falls du dich dagegen nicht verschlossen hast, kannst du sehen, wieviel du aus dem gelernt hast, was ihr zusammen erlebt habt. Jeder hat dem anderen etwas beigebracht; deshalb seid ihr zusammengekommen. Ihr habt euch gegenseitig auf viele Arten gespiegelt. Jeder hat die Stärke, die Schönheit und die positiven Eigenschaften des anderen widergespiegelt, und jeder hat dem anderen gezeigt, wo er noch wachsen und sich verändern muß. Und jeder von euch ist gewachsen, ob er wollte oder nicht. Jeder hat einige der charakteristischen Eigenschaften des anderen angenommen.

Manchmal war das gut gewesen: du bist im Verlauf der Beziehung sicherer und erfahrener geworden. Und manchmal war es recht negativ, wenn die Menschen, mit denen du deine Zeit verbringen wolltest, Eigenschaften hatten, die weder ihnen noch dir dienten, bessere Menschen zu werden. Auf jeden Fall hast du dich verändert und bist vielleicht auch gewachsen. Auf jeden Fall ist es eine tantrische Beziehung.

Was willst du?

Es ist wichtig zu erkennen, daß wir in unseren Beziehungen wie auch in den meisten anderen Lebensbereichen *frei sind, das zu erschaffen, was wir uns wünschen.* Wir sind als Volk und als Individuen entwickelt genug, als daß wir noch einer einzigen sozialen Moral bedürften, die allen vorgeschrieben und aufgezwungen wird wie die Gesetze Moses. Moral kann eine rein individuelle Entscheidung sein, und jeder von uns muß mit Herz und Verstand entscheiden, was richtig für ihn ist, und danach leben, solange er andere damit nicht verletzt. Wir können jede gewünschte Art von Beziehungen haben. Das ist sicherlich die Bedeutung wahrer innerer Freiheit.

Das meiste des folgenden bezieht sich auf intime, persönliche Beziehungen. Die gleichen Grundsätze können wir aber auf alle Beziehungen anwenden: Freund, Eltern–Kind, Chef–Angestellter, Mitarbeiter, Nachbar usw. Viele Menschen, die unglücklich und einsam sind, haben mehr Erfolg, die erwünschte Idealbeziehung zu erschaffen, wenn sie erst einmal in den Beziehungen, die sie schon zu Freunden, Mitarbeitern und anderen haben, mehr Befriedigung erlangen und sich dann darauf konzentrieren, eine intime Liebesbeziehung zu schaffen, wenn sie schon ein bißchen Übung darin haben, ein guter Freund zu sein.

Sondra Ray, Autorin von *I Deserve Love,* wendet in ihren Workshops eine Technik an, die viele Menschen verblüfft:

> *Unterteile ein Blatt Papier in folgende Spalten:*
>
> *Was ich will / Was ich habe / Was ich wirklich will*
>
> *Unter «Was ich will» führst du auf, was du willst – in deinen Beziehungen, im Leben ganz allgemein. Unter «Was ich habe» führst du das auf, was du zur Zeit hast. Dann schreibst du unter «Was ich wirklich will» auch das auf,* was du zur Zeit hast – *weil wir nämlich im Leben schon das erschaffen haben, was wir wirklich wollten.*

Mancher mag denken, daß das nicht stimmt, weil das für unser Bewußtsein nicht zu stimmen scheint. Bewußt wollen wir wirklich nicht allein sein, in destruktiven und unglücklichen Beziehungen oder in Armut leben. Aber auf tieferen Ebenen ist es wirklich wahr: wir haben uns genau das geschaffen, was wir wollten und wovon wir glaubten, ein Recht darauf zu haben; wir haben uns das geschaffen, wofür wir uns wert halten. Aber wir haben Besseres verdient – dann laßt uns anfangen, Besseres zu erschaffen!

Zuerst müssen wir uns nach innen wenden – wirklich in uns selbst, zu unserem Glauben und unseren Vorstellungen. Wenn wir erst einmal an unserem Innersten arbeiten, werden wir uns auch auf die äußere Ebene konzentrieren, die unsere Tätigkeiten in der Welt beinhaltet, mit unserem Partner oder unseren Partnern, und mit jedem, zu dem wir eine Beziehung haben.

Die inneren Ebenen

Wie wir im letzten Kapitel gesehen haben, beginnt jede Schöpfung als feiner, geistiger Impuls, wird dann zum Gedanken, dann zum Gefühl und manifestiert sich schließlich auf der äußeren, materiellen Ebene.

Was wir bis jetzt in Beziehungen geschaffen haben, ist das Ergebnis dessen, was wir über Jahre hinweg zu uns gesagt haben. Es ist das Ergebnis dessen, was wir dachten, fühlten und glaubten. Mit bewußter Anstrengung können wir Gedanken und Vorstellungen, die das erschaffen, was wir nicht wollen, gehen lassen und sie durch Gedanken und Vorstellungen ersetzen, die das erschaffen, was wir wollen.

Laß den Glauben gehen, daß du in irgendeiner Weise zu befriedigenden Beziehungen nicht fähig bist! Das ist nicht wahr – wir sind alle zu erfüllten Beziehungen fähig. Hör auf, dir einzureden, daß du keine erfüllte Beziehung verdienst oder daß du in deinen Beziehungen selbstsüchtig und lieblos bist. Die Wahrheit ist, daß du eine wunderbare Beziehung verdienst und daß du im Grunde liebevoll und großzügig bist. Weigere dich, weiterhin zu glauben, daß du nicht haben kannst, was du willst, denn du kannst es, wenn du daran glaubst. Laß alle diese nutzlosen und negativen Gedanken und Vorstellungen gehen, und du wirst, meist schon sofort, einige sehr befriedigende Ergebnisse erzielen können.

Die geistige Vorstellungs- und Aussagekraft ist das beste Mittel, um all die negativen Bedingungen zu überwinden, die wir uns selbst gestellt oder von anderen angenommen haben. Steigen negative Gedanken auf, dann geh mit positiven dagegen an. Stell dir vor, daß du ideale Beziehungen erschaffen kannst, auch wenn du in anderer Hinsicht deine Vorstellungen zeitweise unterbrechen mußt. Was hast du zu verlieren?

Es ist für uns sehr wichtig – und auch wirklich wesentlich – uns ein klares Bild davon zu machen, was wir in einer Beziehung wollen, und uns dann zu bestätigen, daß es so ist. Betrachte ganz ehrlich, was du wirklich willst. Sieh es ganz klar vor dir. Wir müssen zuerst in unseren Gedanken und Gefühlen das erschaffen, was wir uns im Leben wünschen.

Erlaube dir die herrlichsten Phantasiebilder. Stell dir den idealen Liebhaber vor: Stell dir das erste Treffen vor; stell dir vor, du bist selbstsicher und ausgeglichen; male dir aus, wie eine wunderbare, liebevolle Beziehung erblüht. Sage dir dann: «*Dies oder etwas Besseres manifestiert sich jetzt zum Besten aller Beteiligten.*»

Wenn du zur Zeit eine Beziehung hast, die du erhalten willst, dann stell dir vor, daß sie immer besser wird und sich verändert, um schließlich deine Idealvorstellung zu erfüllen. Stell dir die für alle Beteiligten schönste Beziehung vor.

Ein großer Meister sagte einmal: «*Bitte darum und du wirst es bekommen.*» Leider bestreiten so viele Menschen die Wahrheit dieser Aussage, denn am Ende erschaffen sie sich doch das, woran sie glauben, ein Leben in Freudlosigkeit, in welchem ihre wirklichen Fähigkeiten nicht ausgeschöpft werden. Wenn wir aber daran glauben, wenn wir darum bitten, wenn wir einsehen, daß wir es wirklich verdienen, dann werden wir uns im Leben das erschaffen, was wir uns wünschen. Versuche es einmal und sieh dann selbst.

Als ich nach vielen Jahren offener Beziehungen an dem Punkt war, daß ich beschloß, einen Menschen zu suchen, auf den ich mich konzentrieren wollte und mit dem ich eine enge Beziehung aufbauen wollte, sagte ich einfach mit aller Kraft zur mir: «Also gut, Universum, ich bin jetzt bereit, mich zu verlieben und vollkommen in einer wunderbaren, aufregenden Beziehung aufzugehen!» Ich sagte es zwei- oder dreimal mit viel Gefühl. Zwei Tage später traf ich sie und wußte nach einer Stunde schon, daß sie es war, die das Universum mir geschickt hatte – sie war diejenige, um die ich gebeten hatte.

Wenn wir etwas erschaffen wollen, ist das Wichtigste an unserer Arbeit auf den inneren Ebenen in mancher Hinsicht widersprüchlich zu dem, woran zu glauben die meisten von uns erzogen wurden. Allzuoft gehen wir die Dinge auf einer *äußeren* Ebene an. Wir glauben, daß wir, um die gewünschte Beziehung zu bekommen, weggehen müssen und irgend jemanden irgendwo treffen müssen. Erwachen wir aber und begreifen, daß die wichtigste Arbeit auf den *inneren* Ebenen geschieht – in unserem Herzen, mit unserem Gefühl und Verstand –, dann werden wir erfolgreicher das erschaffen, was wir uns wünschen. Wir müssen ganz einfach mit der Fähigkeit in Verbindung treten, uns das, was wir uns wünschen, bildhaft vorzustellen. Du hast ein Recht auf Beziehungen, die voller Zuneigung sind und dich fördern. Mit einer täglichen Übung kannst du jetzt gleich beginnen, dir diese zu erschaffen.

Hier sind einige besonders machtvolle Aussagen für Beziehungen:

«Ich habe ein Recht auf Liebe!»

«Es gefällt mir, in Beziehungen das zu bekommen, was ich mir wünsche.»

«Ich habe jetzt ein herrliches Sexualleben.»

«Ich habe jetzt eine gute, harmonische und befriedigende Beziehung.»

Stell dir deine eigenen Aussagen zusammen. Und zweifle nie an ihrer Kraft ... «bitte darum und du wirst es bekommen».

Die äußere Ebene

Sobald du zu einer Beziehung bereit bist, wird sie sich auch einstellen. Sie wird dann zu etwas, mit dem man sowohl auf der äußeren wie auf der inneren Ebene vorsichtig umgehen muß.

Den Schlüssel zu erfolgreichen Beziehungen auf der äußeren Ebene findet man in einem Wort: *Kommunikation.* Kommunikation bedeutet einfach nur, deine Gefühle mitzuteilen – anderen Menschen dein ehrliches Feedback geben und Feedback bekommen auf eine Weise, die guttut. Viele Menschen haben aber noch nicht gelernt, so damit umzugehen, daß dieser Rückkopplungseffekt für sie arbeitet. Shirley Luthman, eine sehr scharfsinnige Beraterin und Lehrerin erläutert die vier möglichen Reaktionen, die wir alle schon erlebt haben, besonders dann, wenn die Mitteilung des anderen etwas beinhaltet, was uns mit etwas konfrontiert, das für uns schwierig anzunehmen ist. Die vier Reaktionen sind:

1. *Leugnung.* Wir weigern uns einfach, das zu akzeptieren, was der andere uns sagt. Wir behaupten, daß es nicht wahr sei, daß man uns nicht versteht usw.

2. *Verteidigung.* Wir erfinden alle möglichen Entschuldigungen. Wir erklären, warum sich die Dinge so entwickelt haben, daß es uns nicht möglich ist, Verantwortung für unser Handeln zu übernehmen.

3. *Selbstbezichtigung.* Wir geben zu, daß der Vorwurf richtig ist, und lassen daraus dann Reue, Angst, Kummer und andere negative Selbstbildnisse entstehen.

4. *Es einfach annehmen und wirken lassen.* Das ist die einzige verantwortungsbewußte und wirkungsvolle Reaktion auf die Mitteilung eines anderen. Wir hören uns an, was der andere zu sagen hat, stellen fest, daß es einen Grund gibt, uns gerade diese Dinge zu sagen, wir nehmen es an und willigen ein, es uns genauer zu betrachten. Wenn wir dann

nach einer Weile spüren, daß der andere recht hat, würdigen wir das, danken ihm und schauen, ob es eine Möglichkeit gibt, die Dinge zu verbessern. Wenn wir allerdings nach einer Zeit der Selbstbeobachtung spüren, daß seine Mitteilung nicht brauchbar war, dann lassen wir sie einfach wieder gehen, ohne jemanden im Verlauf dessen zu beschimpfen oder zu verurteilen.

Als Beispiel erzähle ich, was mir neulich passiert ist. Ich saß mit einigen guten Freunden zusammen, die mich seit Jahren kennen. Ich äußerte den Wunsch nach einer Tasse Kaffee. Eine Freundin meinte, sie glaube, daß ich entschieden zuviel Kaffee trinke. Einige andere stimmten ihr zu. Meine Reaktionen auf diese Mitteilung durchliefen alle vier obengenannten Möglichkeiten wie folgt:

Zuerst stritt ich es ab: ich sagte einfach, es würde nicht stimmen. Ich tränke nicht zuviel Kaffee. Ich sei gesund und kräftig, mein Körper fühle sich wohl, ich fände nichts Schlimmes, Übermäßiges dabei.

Dann begann ich, mich zu verteidigen. Ich sagte, ich liebe Kaffee und es sei ein Teil meiner Familientradition, da meine Familie soviel Kaffee trinkt. Ich liebe dieses Ritual und auch das Beisammensein, wenn man zusammen Kaffee trinkt. Ich liebe diese anregende Wirkung. Sie ist gut zum Schreiben und auch für andere schöpferische Tätigkeiten. Und ich fragte sie, warum sie darüber so aufgebracht wären, beschuldigte sie sogar, sie seien zu streng, was Essen und Trinken betrifft.

Sie blieben hart und glaubten meiner Verteidigung nicht. Ich stimmte ihnen auch bald zu, empfand dann aber auch bald Reue für meine selbstzerstörerischen Handlungen. Vielleicht bin ich ein hoffnungslos Abhängiger... vielleicht bin ich zu schwach...

Ich stellte bald fest, daß diese Zweifel und Reuegefühle nutzlos waren. Ich sah ein, daß meine Freunde berechtigte Kritik an mir geübt hatten, die auf klaren Einsichten über mich beruhte. Sie wollten sicher nicht Reue oder ein Gefühl der Wertlosigkeit in mir hervorrufen – sie wiesen mich ganz einfach auf einen Bereich meines Lebens hin, den ich, wie sie glaubten, verändern und verbessern könnte. Es war dann für mich sehr leicht, das, was sie mir sagten, einfach anzunehmen, ohne es abzustreiten, mich zu verteidigen oder mich selbst zu bezichtigen. Ich ließ ihre Mitteilung auf mich wirken und beschloß nach einer Weile, meinen Kaffeeverbrauch zu senken. Ich fand es auch ganz leicht, anstatt sechs oder acht Tassen am Tag nur noch eine oder zwei zu trinken. Auch körperlich fühlte ich mich besser. Später bedankte ich mich bei meinen Freunden für ihr ehrliches Feedback. Das ist etwas, was ich mehr schätze als alles andere auf der Welt.

Freunde, Liebhaber, Chefs, Eltern, Kinder und jeder, dem wir begegnen, halten uns einen Spiegel vor und geben uns wertvolle Hilfen, wie wir unsere Lebensqualität verbessern können, wenn wir nur für ihre Mitteilungen offen sind – wenn wir lernen zuzuhören und aufhören, das, was sie uns sagen, abzustreiten, uns zu verteidigen und uns selbst zu bezichtigen.

Verhandeln

Ein anderer wesentlicher Schlüssel für erfolgreiche und brauchbare Beziehungen steckt in einem Wort, zu dem manche Menschen ein gestörtes Verhältnis haben: *verhandeln.* Wahres Verhandeln ist *die Kunst, jeden zufriedenzustellen.* Wenn einer in der Beziehung nicht zufrieden ist, dann bedeutet das, daß er nicht das bekommt, was er will und auch nicht verdient hat, dann funktioniert die Beziehung nicht.

So viele Menschen tauchen in intimen, langandauernden Beziehungen unter, ohne sich jemals die Zeit zu nehmen, sich mit dem anderen Beteiligten zusammenzusetzen und deutlich auszusprechen, was sie in der Beziehung erwarten! Das Ergebnis ist, daß oftmals jede Menge Zeit und Energie im Laufe der folgenden Monate und Jahre verbraucht werden, um aus der Beziehung das herauszuholen, was man sich wünscht, statt dessen aber Ärger und Enttäuschung entstehen.

Oft kann man diese Frustration schon durch einige wenige Gespräche beheben, in denen jeder so klar wie möglich darstellt, was er von der Beziehung erwartet. Dann antwortet der andere und sagt ganz ehrlich, was er davon mit gutem Gefühl erfüllen kann. Oft ist es notwendig, einen Kompromiß auszuarbeiten. Es ist jedoch bei weitem besser, einen Kompromiß einzugehen, als jahrelang zu versuchen, etwas zu bekommen, was dein Partner nicht mit gutem Gefühl geben kann.

Konzentriere dich weiterhin auf die Tatsache, daß es immer möglich ist, eine Lösung zu finden, die jedem gibt, was er will. Es kann etwas sein, was du nie zuvor getan hast, aber *es gibt* eine Lösung. Oder einer oder beide entscheiden sich dafür, die Beziehung zu beenden – auch das ist eine Möglichkeit. Trennung ist oft besser als Jahre der Frustration. Du mußt vielleicht eine andere Beziehung schaffen, in der du in größerer Übereinkunft mit deinem Partner lebst.

Mit dem Konflikt umgehen

Dich wie folgt zu verhalten, ist immer dann gut, wenn du in einem Konflikt mit deinem Partner gefangen bist – wenn du kämpfst – oder in einer Position verharrst, die nicht flexibel genug erscheint, um damit zu arbeiten:

1. Hör auf. *Hole tief Luft.* Warte nicht darauf, daß dein Partner es tut – zum Streiten gehören zwei, aber zum Aufhören genügt auch einer.

2. Gib deinem Partner Zeit, Raum und Ermutigung, seine Gefühle vollkommen zum Ausdruck zu bringen. *Höre ihm zu*... unterbrich ihn nicht (du kommst auch dran)... urteile nicht, besonders dann nicht, wenn er erregt ist. Gib ihm einfach nur die Gelegenheit, sich selbst vollständig auszudrükken. Das wirkt oft Wunder, und die schwersten Lasten, die mancher lange mit sich herumgetragen hat, sind dann wie weggeblasen. Denk daran, nicht unterbrechen! Manchmal scheint es sehr schwierig zu sein, den anderen nicht zu unterbrechen, um sich zu verteidigen oder den Standpunkt des anderen außer Kraft zu setzen, wozu auch immer, unterbrich aber nicht. Öffne dich und höre dir alles an. Ermutige deinen Partner, alles zu sagen, was ihm in den Sinn kommt, selbst wenn es dich wahnsinnig macht. Warte, bis er geendet hat, und sage zu ihm: «Danke, daß du mir das mitgeteilt hast.»

3. Jetzt bist du an der Reihe, *deine Gefühle auszudrücken*. Laß dir von deinem Partner versichern, daß er dir Raum gibt, all deine Gefühle zu äußern, so wie du ihm Raum gelassen hast. Sag ihm, er soll dich nicht unterbrechen, sondern sich nur anhören, was du ihm zu sagen hast. Er wird auch Gelegenheit bekommen zu antworten. Teile ihm dann all deine Gefühle mit, alles was du dir selbst gesagt hast, aber nicht wagtest, ihm zu sagen: sage ihm warum du aufgebracht bist, verärgert, alles was immer es auch sei. Laß es jetzt raus, wenn es auch dumm, selbstsüchtig oder wenig schmeichelhaft klingen mag. Erlaube dir, alles über deinen Partner und die Situation, die ihr zusammen geschaffen habt, zu sagen. Versuche nicht, es geschickt zusammenzustellen, zu zensieren oder abzuschwächen – begib dich mitten hinein in die Gefahr und offenbare deinem Partner deine tiefsten Gefühle.

Der nächste Schritt hängt davon ab, wie wirkungsvoll die letzten beiden gewesen sind. Wenn ihr beide alles gesagt habt, werdet ihr feststellen, daß die Last zwischen euch leichter geworden ist, weil ihr eine ganze Menge Ballast, an dem ihr euch festgehalten habt, abgeworfen habt. Wenn sich aber einer oder beide noch erregt fühlen, dann wiederholt Schritt 2 und 3, so daß jeder noch einmal die Gelegenheit hat, seine Gefühle zum Ausdruck zu bringen. Vielleicht hat dich etwas, was dein Partner sagte, wütend gemacht oder niedergeschlagen. Teile alle Gefühle mit, die auftauchen. Diese Schritte waren dann wirkungsvoll, wenn du dich ruhiger und näher fühlst als am Anfang.

4. Frage als nächstes deinen Partner, *was er von dir verlangt.* Gib ihm Zeit, Raum und Ermutigung, dir genau zu sagen, was er von dir will und braucht. Höre zu und denke darüber nach.

5. Teile dann deinem Partner mit, *was du von ihm möchtest.* Sei offen und ehrlich. Sprich aus, was du willst und was du brauchst. Habt ihr Schwierigkeiten damit, dann kommt ihr besser hinein, wenn ihr ein kleines Spiel macht, in dem jeder seine Wunschvorstellung beschreibt: wenn du eine Beziehung hättest, die genauso wäre, wie du es dir vorstellst, wie würde sie aussehen? Das zeigt dir, was du in einer Beziehung wirklich willst. Jetzt kommt der letzte Schritt: das *Verhandeln.* Scheue dich nicht vor dem Wort «verhandeln», weil es so kalt und geschäftsmäßig klingt. Verhandeln ist wirklich die wesentliche Grundlage jeder Beziehung: wir sind zusammen, weil wir einen Grund haben, zusammenzusein, und dieser Grund beinhaltet, etwas zu geben und vom anderen etwas zu bekommen. Wenn eine Beziehung nicht funktioniert, dann liegt es daran, daß die Abmachungen nicht klar genug ausgesprochen worden sind. (Du kannst sagen «Abmachungen treffen», wenn «verhandeln» nicht das richtige Wort für dich ist.)

Verhandle mit deinem Partner. Triff klare Abmachungen. Finde heraus, was dein Partner von dir verlangt und was du mit gutem Gefühl geben kannst. Bitte um das, was du willst, und finde eine Vereinbarungsebene mit deinem Partner. Du mußt vielleicht einen Kompromiß eingehen, laß es aber nie zu, daß einer den anderen vergewaltigt.

Wenn euch diese Übung nicht hilft, wenn das Wiederholen dieser Schritte die Luft nicht reinigt und eure Gefühle löst, solltet ihr vielleicht zu einem Therapeuten gehen oder jemanden finden, der euch hilft zu lernen, eure Gefühle einander mitzuteilen. Unsere tiefste tantrische Beziehung läßt uns unsere tiefsten Gefühle und Empfindungsmuster hervorbringen, und viele von uns brauchen Hilfe, um zu lernen, wie man Gefühle entdeckt und in einer Weise damit umgeht, die nicht noch mehr Negativität erzeugt. Allzuoft neigen wir zu «dumpfen» und schlechten Gefühlen unseren Partnern gegenüber, kritisieren oder beschimpfen sie, anstatt ihnen mit unseren tiefsten Gefühlen beizustehen und diese auf eine Weise auszudrücken, die ehrlich und mitunter auch verwundbar ist und die Empfindungen des anderen nicht verleugnet.

Erleuchtete Beziehungen sind eben wie perfekte Geschäfte: es sind Projekte, bei denen jeder zufriedengestellt wird. Jeder gewinnt, keiner verliert. Dein Partner hat dir gesagt, was er von dir will. Jetzt sagst du ihm, was du ihm mit gutem Gefühl geben kannst. Sag ihm, was du für ihn tun kannst und was nicht. Sei ehrlich und vergewaltige nicht deine eigenen Gefühle.

Sei erfinderisch – es gibt keine vorgefertigten Normen oder Formen, nach denen du dich richten mußt. Im Massenbewußtsein findet ein großer Wandel statt, ein Wandel, der jedem erlaubt, sein Leben so einzurichten, wie er es sich vorstellt. Du kannst jede Art von Beziehung(en) haben, die du dir wünschst!

Jede Beziehung kann sich zur vollkommenen Beziehung entwickeln, wenn die inneren und äußeren Ebenen harmonisch im Gleichgewicht sind. Denk immer an die inneren und die äußeren Handlungsebenen in deinen Beziehungen. Denk daran, daß du immer die Möglichkeit hast, dich auf dich selbst zu besinnen und dir selbst zu bestätigen, was du wirklich erschaffen willst. Du kannst dich aber auch vollständig deinem Partner öffnen, deine Gefühle ausdrücken, ihm mitteilen, was du willst, und vereinbaren, daß du das bekommst, was du willst, und dem anderen das gibst, was er will.

Manchen Menschen fällt es leichter, mit der inneren Ebene umzugehen, und andere tun sich auf der äußeren Ebene leichter. Das Wichtigste ist zu lernen, mit beiden ausgeglichen umzugehen. Sie ergänzen einander: Je mehr du über eine Art des Seins lernst, um so mehr lernst du auch über die andere Art.

Eifersucht, Angst und Wut

Für viele Menschen ist Eifersucht in einer Beziehung nichts Ungewöhnliches. Es ist eine äußerst heftige und manchmal sogar gewaltsame Verquickung von Gefühlen – meist von Angst und Wut. Eifersucht muß man, wie alle Gefühle, respektieren und genau untersuchen

Ich dachte immer, daß es möglich sei, eine Stufe zu erreichen, auf der die Eifersucht völlig transzendiert ist. Es gibt heutzutage einige Lehrer, die behaupten, daß das möglich ist, und vielleicht haben sie recht. Als ich versuchte, offene Beziehungen zu haben, habe ich festgestellt, daß es Zeiten gab, in denen ich überhaupt nicht eifersüchtig war, wenn meine Partnerin andere sexuelle Beziehungen hatte. Es gab aber auch Zeiten, in denen ich sehr eifersüchtig war. Und es gab Zeiten, wo ich das Gefühl hatte, daß ich die Situation im allgemeinen akzeptierte, daß es aber eine Menge Kleinigkeiten gab, über die ich mich ärgerte und an denen ich herumnörgelte – mit anderen Worten, ich war immer noch eifersüchtig.

Wenn ich heute zurückblicke, frage ich mich, ob ich meine Eifersuchtsgefühle *überhaupt jemals* transzendiert habe – oder ob ich diese Gefühle nur unterdrückt habe, weil ich mich nicht mit ihnen auseinandersetzen wollte. So langsam beginne ich zu begreifen, daß man Eifersucht lieber annehmen sollte, als immer zu versuchen, sie zu überschreiten – zumindest in meinem Entwicklungsstadium.

Der wichtigste Schritt, um in einer Beziehung echte Freiheit zu schaffen, ist, die Eifersuchtsgefühle zu akzeptieren, die du vielleicht manchmal hast und die dein Partner (deine Partner) manchmal hat (haben). Es ist in Ordnung, wenn du du selbst bist, und es ist für andere richtig, sie selbst zu sein, es ist auch richtig, eifersüchtig und wütend zu sein und Angst zu haben.

Nimm deine Gefühle vollständig an. Das ist der erste Schritt, um sich gegen sie zu erheben und sie in höchste schöpferische Energien umzuwandeln. Akzeptieren wir unsere Gefühle, dann geben wir ihnen nicht länger unsere Widerstandskraft. Wenn wir uns einer Sache widersetzen, dann haftet sie uns nur noch mehr an. Lassen wir erst einmal unseren Widerstand gehen, dann können wir wirklich alles gehen lassen, was wir nicht mehr halten wollen. Das ist der Schlüssel zur Freiheit.

Eifersucht, Wut und Angst muß man zuerst akzeptieren: wenn wir dann lernen, sie loszulassen, werden sie bald verschwinden. Wir können uns darauf konzentrieren: Eifersucht, Wut und Angst bei uns selbst und bei anderen vollständig zu akzeptieren und dann Mittel und Wege zu finden, die diese trennenden Gefühle überwinden.

Wir konzentrieren uns darauf, *gangbare Wege* zu finden – Wege, die in jeder Situation und für jeden verschieden sind. Die Zahl der «gangbaren» Wege ist endlos, so wie der Weg unserer Entwicklung endlos ist.

Behalte das für all deine Beziehungen im Gedächtnis: Du kannst jede Art von Beziehung schaffen, die du dir wünschst. Du kannst vollkommen freie, offene, liebevolle

Beziehungen zu so vielen oder wenigen Menschen haben, wie du willst. Denk immer daran, zu jedem der Beteiligten so offen wie möglich zu bleiben. Oder du kannst dich auch dafür entscheiden, absolut monogam zu bleiben, um Eifersuchtsgefühle auf ein Mindestmaß herabzusetzen und dich wirklich auf eine enge Beziehung zu konzentrieren. Das ist sicher für die meisten Menschen das Nächstliegende.

Denke daran, daß es dein kleines begrenztes Selbst ist, das hinter jedem Abstand steht, den du zu jemandem spürst. Und es ist dein höheres Selbst, das sich hin zum Offensein, Freundsein, Einssein mit anderen bewegt.

Unterdrücke Gefühle der Trennung, Eifersucht, Wut und Angst nicht. Nimm sie an und laß sie vorüberziehen. Du brauchst sie überhaupt nicht. Bestätige dir selbst:

Ich bin offen für alle Menschen zu allen Zeiten…

Wie die Sonne gebe ich jedem mein Licht…

Ich bin eine Schale gefüllt mit göttlicher Liebe…

Austausch

Gerade neulich saß ich mit meiner Partnerin zusammen, wir tranken etwas und unterhielten uns, als ich feststellte, daß das Wort «Beziehung» für mich etwas Unangenehmes an sich hat, auch wenn ich es oft gebrauche. Das Wort hat etwas an sich, was zu schwer ist, zu ernst. Es ist nicht die Bedeutung des Wortes selbst, aber der Beigeschmack, den es im Laufe der Jahre bekommen hat.

Wir suchten beide nach einem Wort, das dasselbe ausdrückt ohne den negativen Beigeschmack. Und wir kamen zu dem Wort *Austausch (engl.: sharing, fast unübersetzbar in diesem Zusammenhang, Anm. d. Übers.)* Jede Beziehung ist sicherlich ein Austausch – ein Austausch von Energie in einer gemeinsamen Zeit.

Seit dieser Unterhaltung sprechen wir öfter über unseren Austausch als über unsere Beziehung. Und wir haben ein sehr gutes Gefühl dabei.

Ein Schlüssel zu erfüllten Beziehungen

Gib deinen Partnern die Möglichkeit, sie selbst zu sein, und finde für dich die Freiheit, du selbst zu sein. Hab Vertrauen und unterstütze die Kraft des anderen, hab Vertrauen und unterstütze deine eigene Kraft. Sie sind nicht im Widerstreit. Es gibt immer einen Weg, um deine Gefühle mit denen deines Partners in Einklang zu bringen.

Hab Vertrauen und unterstütze des anderen Erfahrungen, Einsichten, Impulse, Träume, Mitteilungen. Helft einander und ermutigt euch gegenseitig, das zu tun, was euch im Innersten am besten erscheint. Es kann bedeuten, eine Zeitlang allein zu sein... oder mit anderen... oder sich zeitweise getrennt weiterzuentwickeln. Laß es zu.

Es gibt eine unendliche Vielzahl von Lösungsmöglichkeiten, wenn in einer Beziehung ein Problem auftaucht. Sei erfinderisch – vertraue deiner eigenen Erfahrung, deinen eigenen Gefühlen, denn sie geben dir die Antwort, die du suchst, zeigen dir die Wege, die du gehen kannst.

Du suchst dir deine Beziehungen selbst aus – ob bewußt oder unbewußt. Sie ereignen sich, und sie ereignen sich aus einem bestimmten Grund, ob du ihn kennst oder nicht. Sie geschehen für deine Entwicklung, für dein Wachstum zu wahrer Freiheit, Kreativität und Zufriedenheit.

Liebe ist die Antwort
Liebe ist der Schlüssel
der jede Tür öffnen kann
Gib uns Augen, um zu sehen
In unseren Herzen schlummert ein Geheimnis
und es bringt uns die Freiheit:
Alles was wir brauchen ist Liebe…
Alles was wir brauchen ist Liebe!

V Sex

Es wird Zeit, daß wir Sex
als die wahrhaft heilige Handlung betrachten,
die es ist: eine tiefe Meditation…
ein Tanz der Schöpfungskräfte

Ich möchte alle herzlich willkommen heißen, die die Lektüre dieses Buches mit diesem Kapitel beginnen. Ich würde es wahrscheinlich genauso machen. Sex ist eine Lebenskraft, die wir verstehen müssen und mit der wir uns befassen müssen – und in unserer Kultur haben sich wirklich viele Menschen noch nicht richtig damit befaßt! Sie laufen vor ihr weg, haben das Gefühl, in eine Falle geraten zu sein, sind frustriert oder unentwegt auf der Suche – und finden keine Befriedigung in einer dieser Möglichkeiten.

Ein wichtiger Leitsatz dieses Buches ist, daß wir innere Freiheit erlangen können, wenn wir uns wirklich in jedes

Gefühl und in jeden Wunsch in jedem Augenblick fallen lassen – nichts unterdrücken, solange wir niemanden dadurch verletzen. Das ist die Lehre des Tantra. Es ist mehr als der «Yoga des Sex», als das es so oft bezeichnet wird – es ist der «Yoga, der alles umfaßt». Und das beinhaltet sicherlich für die meisten Menschen unseres Kulturkreises auch Sex.

Einige Fragen an dich

Betrachte deine Einstellung zur Sexualität ganz ehrlich. Magst du sie wirklich? Willst du sie? Ist Sex zum Teil schamlos und unmoralisch? Willst du nur zu einer Person sexuelle Beziehungen haben? Bist du grundsätzlich monogam? Polygam? Bist du mit deiner derzeitigen sexuellen Situation zufrieden? Könnte sie verbessert werden? Hast du irgendwelche Ansichten oder Gefühle zur Sexualität, die deine innere Freiheit begrenzen?

Es ist nicht wichtig, wie du diese Fragen beantwortest. Du bist ein freies Wesen – deine wahre Natur ist ja schon vollkommen frei. Also kannst du über Sex, Beziehungen, Heirat oder ähnliches denken, was du willst. Wenn du aber herausfindest, daß deine Ansichten und Meinungen deine innere Freiheit begrenzen oder dich davon abhalten, im Leben das zu erlangen, was du willst, dann ist es sehr nützlich, diese Ansichten genauer zu betrachten. Tauche in sie hinein, überprüfe sie, führe sie dir klar vor Augen.

Wie dein Sexualleben auch aussehen mag, du solltest auf jeden Fall ein gutes Gefühl dazu haben! Du erschaffst es für dich selbst, also mußt du einen Grund dafür haben. Du bist dir vielleicht dessen bewußt oder auch nicht. Aber du kannst dir dessen jetzt bewußt werden – wenn du nur eine Weile darüber nachdenkst...

Was denkst du über Sex? Was denkst du über deine sexuellen Beziehungen? Beantworte dir ganz ehrlich diese Fragen – der erste und wichtigste Schritt ist, wirklich ganz ehrlich zu sein. Fühlst du dich schuldig? Laß dir Zeit, um dies zu überprüfen – Schuld ist in unserer Kultur heutzutage leider ein weitverbreiteter Geisteszustand.

Schau dir zum Beispiel mal diese Aussage an: «Ich fühle mich schuldig, wenn ich mich sexuell betätige.» Du kannst diese Schuld mit dir herumtragen, ob du jetzt eine Frau bist oder ein Mann. Wenn du das einmal entdeckt hast und dir dessen bewußt bist, kannst du damit machen, was du willst. Du kannst weiterhin so denken und dir sexuelle Aktivität versagen – was für manche Menschen die richtige Entscheidung sein mag –, oder du kannst weitermachen und von deiner Schuld so weit getrieben werden, daß du dich beengt fühlst und empfindlich reagierst. Du kannst aber auch zur Einsicht kommen, daß diese Schuldgefühle dir nicht länger dienlich sind, dann kannst du sie loslassen. Du kannst dir bestätigen, daß *genau das Gegenteil* wahr ist. Du kannst immer wieder zu dir sagen: «Es ist in Ordnung, daß ich mich sexuell betätige, wenn ich Lust dazu habe», oder: «Ich bin zufrieden mit meinem Sexualleben.» Und das Erleben deines Schuldgefühls wird sich verändern, wird schwächer werden. Du kannst noch einen Schritt weitergehen – falls das die richtigen Worte für dich sind (wenn nicht, dann drücke es mit eigenen Worten aus!) – und dir bestätigen: «Sex macht Spaß und ist befriedigend!» oder: «Sex gibt mir ein wunderbares Gefühl!» oder sogar: «Sex befreit mich!»

Sondra Ray hat eine Kassette herausgegeben, auf der sie Aussagen gesammelt hat, die den Leuten helfen sollen, ihre Einstellung zur Sexualität zu lockern, zum Beispiel auch Sätze wie: «Meine Eltern sind zufrieden mit meinem Sexualleben!» oder: «Mein Minister ist mit meinem Sexualleben einverstanden!» Je länger du diese Reihe fortführst, um so besser kannst du dich von der Schuld befreien, die du aufgebaut hast und die das Ganze umgibt.

Neulich wurde in einem *Reader's Digest*-Artikel eine umfangreiche Studie veröffentlicht, die bestätigte, daß in Amerika heutzutage ein großer Unterschied besteht zwischen dem, was man als moralisch richtiges sexuelles Verhalten betrachtet und dem, was auf diesem Gebiet wirklich getan wird. Das trifft vor allem für viele Männer zu, die von ihren Ehefrauen oder Freundinnen «Treue» verlangen, selbst auch glauben, «treu» sein zu müssen, und doch das Bedürfnis haben, dem Sex außerhalb der festen Beziehung zu «frönen». Das ist die klassische Doppelmoral, die sowohl für die Beziehungen als auch für die Menschen, die sie praktizieren, schädlich ist – solange es keine klare Übereinkunft gibt, bei der sich alle Beteiligten wohl fühlen. Was kann man da tun? Die einzig dauerhafte Antwort kann man nur mit vollkommener Ehrlichkeit, gegenseitigem Vertrauen und durch Auseinandersetzung finden.

Vertraue dir selbst!

Hab Vertrauen und achte auf deine eigenen Impulse und deine eigene Kraft. Vertraue darauf, daß du so die Lebensform findest, die zu dir paßt.

So viele Menschen haben Angst davor, nach ihren Gefühlen zu handeln, gehen aber in eine selbstgestellte Falle, wenn sie es nicht tun. In deinen Gefühlen findest du das, was du lernen mußt. Durch sie findest du die Schlüssel zu innerer Freiheit.

Als ich feststellte, daß ich mir mein Leben tatsächlich genauso einrichtete, wie ich wollte, änderte sich einiges in meinem Leben. Sexuell wurde ich immer offener. Ich erkannte, daß ich oft von großer Offenheit geträumt hatte, und plötzlich war ich frei, alles auszuprobieren. In meinen Phantasien wollte ich gern Gruppensex ausprobieren und in Massagesalons und zu Prostituierten gehen. Das alles war verboten und allein deshalb schon verlockend – wie es die Bars waren, bevor ich 21 Jahre alt wurde. Also gab ich mir selbst die Erlaubnis, dies alles zu tun. Ich tauchte in meine Phantasievorstellungen ein und lebte sie aus. Diese Erfahrungen waren unersetzbar.

Ich fand heraus, daß mich Gruppensex überhaupt nicht befriedigte. Es war verwirrend und brachte mir keinerlei Erfüllung, weil ich mich nicht auf eine Person konzentrieren konnte und zwei zur gleichen Zeit aber auch nicht befriedigen konnte. Ich kam zu der Erkenntnis, daß Sex mit einer Person viel mehr Erfüllung bringt, weil du diesem Menschen deine gesamte Aufmerksamkeit und dein ganzes Wesen geben kannst.

Ich versuchte es auch mit Massagesalons und Prostituierten von der Straße. Die Erlebnisse selbst waren zuerst ganz vergnüglich, aber später fand ich dann, daß es oberflächlich und eher kummervoll war. Ich merkte, daß die Frauen sich nicht wirklich mit mir als Mensch beschäftigten – sie wollten nur das Geld, schnell vorankommen, es möglichst schnell hinter sich haben und dann zum nächsten wechseln. Ich konnte sie dafür nicht verurteilen, aber ich verlor das Interesse an der ganzen Szenerie ziemlich schnell. Und was sogar noch viel wichtiger war: ich stellte fest, daß ich mich danach sehr schlecht fühlte. Ich hatte das Gefühl, etwas getan zu haben, was diese Frauen vergewaltigt hatte und mich auch vergewaltigte. Ich spürte, daß ich etwas getan hatte, was nicht im Einklang ist mit dem Sinn meines Daseins auf diesem Planeten. Indem ich mir also das Äußerste, was ich mir auf sexuellem Gebiet vorstellen konnte, erlaubte, erkannte ich, was es für mich ist – unbefriedigend und hohl. Somit waren diese Erfahrungen sehr wertvoll für mich. Wenn ich mir nicht die Freiheit zugestanden hätte, diese Phantasien zu erfahren, würde ich diese Wünsche immer noch mit mir herumtragen – zum größten Teil tief vergraben, aber trotzdem vorhanden.

Tu das, wozu du die Energie hast. Wenn du dich von deinen Gefühlen leiten läßt, wirst du niemals irren. Du machst dann vielleicht etwas Extremes, wie ich es getan habe. Du wirst aber danach auch zu viel größerer Klarheit über dich selbst finden, wenn du dein Empfinden zu dem, was du getan hast, unter die Lupe nimmst.

Es ist ganz gut, ab und zu etwas Extremes zu machen. Ich habe dafür eine Faustregel:

Alles in Maßen... und das schließt auch Übertreibung (in Maßen) mit ein...

Ich habe viele Menschen kennengelernt, die übertrieben gemäßigt geworden sind und sich vor ihren tiefsten Regungen und Gefühlen fürchten – sich zutiefst vor sich selbst fürchten und in starren Formen verhaftet sind, was sie dürfen und was sie nicht dürfen. Diese Art von Mäßigung ist nicht sehr brauchbar, um wirklich frei zu werden.

Sexuelle Energie

Das Universum birgt eine wunderbare Energiequelle, die nur darauf wartet, erschlossen zu werden – die Energie zwischen einem Mann und einer Frau, die Kraft der Schöpfung. (Wenn du homosexuell bist, kannst du es durch «die Energie zwischen zwei Frauen» oder die «Energie zwischen zwei Männern» ersetzen. Tantra beinhaltet alles, lehnt nichts ab – also beinhaltet es auch die Möglichkeit, homosexuell zu sein. Laß dich nicht von der männlich-weiblichen Orientierung dieses Buches abschrecken. Ändere sie einfach ab, wo es für dich nötig ist.)

Über die *Umwandlung* sexueller Energie ist viel geschrieben und gelehrt worden. Nach meiner Erfahrung ist das aber überflüssig, denn sexuelle Energie verwandelt sich selbst.

Wenn die sexuelle Energie durch unseren Körper hindurch darf – wenn wir sie nicht durch Schuld und einengende Ansichten blockieren –, erleben wir eine körperliche, gefühlsmäßige, seelische und geistige Energieumwandlung. Das kann immer geschehen – wenn wir uns lieben, wenn wir meditieren oder wenn wir uns selbst befriedigen.

Wie geht das vor sich? Unser Körper ist ein Energiesystem. In verschiedenen Körperteilen sind verschiedene Energiezentren. Unsere Sexualorgane enthalten eine sehr machtvolle Energiequelle. Konzentrieren wir uns auf diese Energie, indem wir sie durch unseren Körper erwecken oder uns nur geistig auf sie ausrichten, dann spüren wir, daß es eine *dynamische* Kraft ist – sie bewegt sich. Wenn wir zulassen, daß sie sich bewegen kann, wie sie will, finden wir heraus, daß sie sich natürlicherweise aufwärtsbewegt, durch unseren Leib zum Herzen, noch weiter nach oben durch die sogenannten «höheren» Energiezentren und Zentren der Drüsentätigkeit, die im Hals sitzen, durch die Stirn und durch die Schädeldecke. Diese Energie kann dann buchstäblich unser ganzes Wesen tränken, verjüngen, reinigen, heilen und stärken. Lieben öffnet Herz und Sinne.

So viele Menschen schneiden sich selbst ab von ihren eigenen Kraftquellen in den sogenannten «unteren» Energiezentren, wenn sie versuchen, moralisch oder spirituell zu sein! Viele Menschen auf «spirituellen» Pfaden haben Ansichten, die denen gleichen, die in Europa zur Zeit Shakespeares gebräuchlich waren; einige indische Lehrmeister lehren, daß der sexuelle Orgasmus das System schwächt und daß die Energie aufgehalten und in die höheren Zentren geleitet werden muß, um wahre Freiheit und Erleuchtung zu erlangen. Das Ergebnis ist – außer möglicherweise für sehr wenige Menschen, die nicht dafür geschaffen sind, sich sexuell auszudrücken – gewaltige Unterdrückung, Selbstverleugnung und Schuld. Ich weiß es, weil ich diesen Pfad schon gegangen bin. Und ich habe viele andere kennengelernt, die es probiert haben – und viele, die es immer noch versuchen. Ich meine, daß sich das Zölibat für die meisten Amerikaner, mich eingeschlossen, nicht eignet. Zu sehr erfordert es ein Leugnen unserer Gefühle, Wünsche und Impulse. Es führt dazu, daß wir uns und unsere Kultur ablehnen, und schafft mehr Probleme, als es löst. Für die Mehrzahl der Amerikaner ist das kein Pfad zur Freiheit.

Ich habe nicht die Absicht, den Wert des Zölibats für jene Menschen in Frage zu stellen, die es leben und das Gefühl haben, daß es sich lohnt. Mancher Priester mag zum Beispiel ein Verlangen nach sexueller Hingabe haben, spürt aber, daß Hingabe, Dienen und persönliches Beispiel an Wert verlören, wenn er diesem Verlangen nachgäbe. Der Pfad des Tantra schließt alle Wege mit ein – selbst die, die die sexuelle Energie ablehnen oder zurückhalten. Der Pfad des Tantra lehrt mich, jeden Menschen und jeden anderen Weg zu achten, auch wenn sie mich kritisieren oder für das, was ich zu sagen habe, verurteilen. Jeder muß in seinem Herzen seinen eigenen Weg finden.

Meine Erfahrung lehrt mich, daß sexuelle Energie etwas ist, das ich nicht ablehnen darf. Man kann sie genießen und als Fahrzeug zur vollkommenen inneren Freiheit benutzen. Das ist der Pfad des Tantra – der Weg, den ich in meinem Herzen als richtig empfinde und der für die westliche Kultur im allgemeinen am passendsten erscheint. Unser Körper ist eine wunderbare Schöpfung – wir sollten ihn bewundern, achten, schätzen und Freude an ihm haben. Eine tiefe Wahrheit, die aus metaphysischen und spirituellen Studien aufsteigt, ist, daß wir alle gottgleiche Wesen sind; wir alle erschaffen uns unser eigenes Erleben – wir schaffen uns sogar unseren Körper mit Hilfe unserer tiefsten geistigen Vorstellungs- und Aussagekräfte. Wenn also ein Mann bewundernd einer Frau nachsieht, die auf der Straße an ihm vorbeiläuft, dann ist es Gott, der seine eigene Schöpfung bewundert. Und jene Frau ist Gott, der seine eigene Schöpfung genießt.

Sex ist mehr als ein natürlicher Trieb – es ist eine zutiefst heilige Handlung, ob er nun Teil unserer engsten Beziehungen ist oder sich eher unvorhergesehen mit einem Menschen ereignet, den wir kaum kennen.

Die Vereinigung unserer Körper schafft einen ganz besonderen «Tempel», durch die Kraft von zwei Seelen, zwei Energiefeldern und zwei Auren, die vollkommen einswerden. Zwischen beiden Körpern fließt magnetische Energie, heilend, stärkend und erfrischend. Es ist ein tiefgehendes Sichöffnen... ein Sichgehenlassen... eine vollkommene, wortlose Meditation über die schöpferischen Kräfte des Lebens...

Tantrischer Sex

Alte tantrische Sexualpraktiken werden in vielen Büchern, teils wortgetreu, teils symbolisch beschrieben. In Indien stehen noch zwei großartige tantrische Tempel, geschmückt mit Tausenden von Statuen in den verschiedensten Stellungen (wenn das auch leider heutzutage bei den indischen Tempelführern in Vergessenheit geraten zu sein scheint, ihnen es sogar peinlich ist und sie versuchen, die Besucher davon zu überzeugen, daß diese Figuren eher metaphorische als physische Bedeutung besitzen – vor allem, wenn sie ganz eindeutig und äußerst unviktorianisch sind). Viele der alten tantrischen Praktiken erfordern sorgfältige Vorbereitungen, die oft alle Sinne feiern – dazu gehören verschiedene Speisen (auch Fleisch, Fisch und Wein) für den Geschmackssinn, Blumen fürs Auge, Räucherwerk für den Geruchssinn, fürs Ohr Glocken und andere Musikinstrumente und unsere Körper zum Berühren.

Das Wichtigste dabei ist, daß wir alles annehmen und genießen, was uns Freude bereitet und uns ein Gefühl für

Schönheit vermittelt. Es gibt an unserer sexuellen Energie und unseren sexuellen Beziehungen nichts abzulehnen – jeder Augenblick der Ewigkeit in unserem Leben ist schön und voller Wunder.

Erfinde eigene tantrische Übungen – sie passen dann auch am besten zu dir. Du bist frei zu tun, was du willst. Du bist frei, deine tiefsten, verrücktesten und ausgefallensten Phantasien auszuleben.

Eine schöne Art sich zu lieben

Jetzt folgt eine Übung, die ich ganz besonders liebe. Nimm sie als Modell, um dir deine eigene zu schaffen – denn die Rituale, die du dir ausdenkst, werden genau zu dir passen. Nimm dir Zeit für diese Art sich zu lieben.

Lege dich mit deinem Partner zusammen hin... oder sitzt zusammen...

Genieße die einfache Schönheit des Miteinanderseins, ruhig und still.

Seht eure Körper, habt Freude an ihnen, streichelt sie...

Irgendwann sagt der Mann zur Frau, ganz auf ihren Körper konzentriert: «Das ist der Tempel.»

Irgendwann sagt die Frau zum Mann, ganz auf seinen Körper konzentriert: «Das ist der Tempel.»

Irgendwann richtet die Frau ihren Blick auf die wunderbaren Sexualorgane des Mannes, seine schöpferische Erektion, und sagt: «Das ist der Schlüssel zum Tempel»...

Irgendwann richtet der Mann seinen Blick auf die wunderbaren Sexualorgane der Frau, die tiefste Mitte ihres Seins, und sagt: «Das ist der Eingang zum Tempel»…

Dann wird der Schlüssel langsam und sanft in den Eingang geführt… und jeder sagt auf seine Weise, zu seiner Zeit: «Ich bin im Tempel… Ich erhalte die Segnungen des Universums»… (Du kannst auch sagen «Gottes Segen» oder was immer du aus deinem Herzen, aus den Tiefen deines Seins heraus, sagen möchtest)!

Spüre mit deiner ganzen Sinnlichkeit, wie die Energie des Universums durch dich hindurchfließt, dich segnet, dir ewige Jugend und Lebenskraft schenkt. Spüre, wie schön es ist, lebendig zu sein… spüre deine natürliche Göttlichkeit… deine Verbindung zur Quelle des Lebens.

Es ist an der Zeit, daß wir Sex als die wahrhaft heilige Handlung betrachten, die es ist: eine tiefe Meditation… ein Tanz der Schöpfungskräfte.

Sexuelle Energie erhalten

Männer – besonders junge Männer – haben manchmal Schwierigkeiten, ihre sexuelle Energie lange genug zu erhalten, um ihrer Partnerin wirklich tiefe Befriedigung zu bringen. Die Stimulation ist für Männer manchmal so stark, daß es schwierig für sie ist, sich zu bremsen. Es gibt einige einfache Techniken, die dem vorbeugen können, die dem Mann beim Lieben so viel Beherrschung verleihen, wie er will, und ihn den Höhepunkt mit seiner Partnerin zusammen erreichen lassen.

Eine Technik ist geistig. Die anderen sind körperlich.

1. Stelle dir vor, wie die Energie durch deinen Körper strömt, wenn du liebst. Die starke Stimulation ist allein auf

deine Sexualorgane gerichtet, also führe sie die Wirbelsäule hinauf und laß sie durch deinen Körper und durch den deines Partners kreisen. So kannst du länger lieben.

2. Wenn der Mann schon tief in seine Partnerin eingedrungen ist, sollte er mehr zu kreisenden Bewegungen übergehen, wenn er will, daß es länger dauert. Das ist für die Frau viel erregender, für den Mann relativ weniger erregend und läßt der Frau genug Zeit, um den Erregungszustand des Mannes zu erreichen.

3. Versuche es einmal mit einem Kondom. Kondome aus Naturkautschuk geben dem Mann noch genug Empfindungsvermögen, sind aber weniger stimulierend.

4. Die letzte Technik ist Teil der «dynamischen Meditation», die von Bhagwan Rajneesh gelehrt wird, einem bekannten Lehrer und produktiven Schriftsteller aus Indien. Kurz nach dieser Übung entdeckte ich, daß sie mich sexuell auf ganz neue Art stärkte und mir so viel Beherrschung und Zeit gab, um den Liebesakt zu verlängern, wie ich wollte. Mache die Übung allein. Sie mag dir merkwürdig oder sogar belanglos erscheinen – laß es auf einen Versuch ankommen. Ich empfehle sie jedoch niemandem mit einem Herzfehler, weil es sehr anstrengend ist.

Halte die Arme in die Höhe und springe zehn (10!) Minuten lang kräftig auf und nieder, wobei du laut «Hu!» schreist und aus dem Zwerchfell (tief unten aus dem Bauch und tiefer) atmest, jedesmal wenn du auf den Füßen landest. Nach zwei Minuten bist du vielleicht schon erschöpft. Aber überschreite einmal die eingebildeten körperlichen Grenzen, dann wirst du feststellen, daß du ganz leicht zehn Minuten lang springen kannst, wenn du erst einmal drin bist. Überanstrenge dich nicht, aber springe energisch auf und nieder. Dann ruhe dich aus.

Später wirst du feststellen, daß die Muskeln im Unterleib viel kräftiger geworden sind und daß du jetzt eine Energiequelle in dir trägst, die potenter ist als alles, was du dir jemals vorgestellt hast.

Kommen oder nicht kommen?

Einige Lehrer des «Tantra» definieren tantrischen Sex als Sex, bei dem du keinen Orgasmus erreichst, aber lange Zeit in innigster Verbindung zusammen meditierst. Das ist eine wunderbare Art, sich zu lieben – aber sicher nicht die einzige. Meiner Meinung nach schließt tantrischer Sex alles mit ein, lehnt nichts ab. Komm, wenn du willst, oder komm nicht – wie es dein Herz begehrt.

Lieben

Das folgende Gedicht ist ein ganz besonderes Gedicht – eines, das vielleicht mehr sagt als tausend Seiten anderer Worte.

Ich habe es nicht geschrieben – es wurde mir eingegeben, floß durch mich hindurch während dieser herrlichen Meditation, die wir Lieben nennen. Es ist schon an anderer Stelle abgedruckt – aber es kann ruhig auch hier noch einmal abgedruckt werden, denn es ist wert, wieder gelesen zu werden.

An einem herrlichen, sonnigen Morgen liebten wir uns in einem breiten Bett, Fenster an beiden Seiten, durch die das Sonnenlicht durch die Bäume hereinfiel. Ich spürte, wie die Energie anstieg, je weiter wir kamen; bald schienen wir mit dem Sonnenlicht verbunden zu sein, verbunden mit der Quelle der Schöpfung. Es war ein ekstatisches Erlebnis.

Da hörte ich eine Stimme, sie schrie fast – euphorisch – in mir drinnen… und ich merkte, daß es ein eigenartiges Gedicht war. Ich versuchte es zu überhören, aber das ging nicht – es verlangte danach, niedergeschrieben zu werden. Also entschuldigte ich mich für einen Augenblick, suchte Stift und Papier und schrieb den ersten Vers nieder. Dann liebten wir uns wieder. Ich hörte einen zweiten Vers. Schreiben und Lieben wechselten sich noch lange Zeit ab – vielleicht zwei Stunden oder länger, ich habe keine Ahnung wie lange. Und als wir geendet hatten, war das Gedicht fertig.

Es sagt einiges über die tiefen Wahrheiten des Tantra. Es ist sehr passend überschrieben mit:

Lieben

Ich erinnere mich an jede Geliebte
mit solch süßen Gefühlen
Ich träume von göttlichen Dakinis
mit solch süßem Verlangen
Jede Frau ist ein Segen –
Gottes Schöpfung
Jeder ist ein Wunder –
des Geistes Offenbarung
Jeder Augenblick der Liebe –
süße Eingebung!
Jeder ist göttlich
Wenn er sich seinen Tiefen öffnet
Ein großartiges Ritual
Süße Meditation!
Die Kräfte der Schöpfung
Entfalten sich aus uns
Das himmlische Königreich
ist wahrlich in uns

Denk an die Mythen
Aus unserem längst vergangenen Erbe –
Leda und der Schwan...
Europa und der Stier...
Die Gestalt Gottes erscheint
in einem Goldrausch
Einer Frau von auserwählter
Göttlich irdischer Schönheit!

In der Liebe sind all die Lehren –
Die tiefen Wahrheiten des Tantra –
In der Liebe sind all die Kräfte
des Universums ausgestellt
Für alle sichtbar, greifbar,
Verständlich
Um die Freuden der Vereinigung
des Göttlichen zu genießen

In jeder Frau –
Die Kräfte des Mondes
In jedem Mann –
Die Kräfte der Sonne
Mond und Sonne vereint
Werden eins
Ein Neumond wird geboren,
Wir werden wiedergeboren,
unaufhörlich wiedergeboren!

In jeder Frau –
Die irdischen Kräfte
In jedem Mann –
Die himmlischen Kräfte
Erde und Himmel vereint
Das Himmelreich auf Erden!
Ganz und gar erleuchtet sind wir,

wenn wir, ohne es zu verstehen,
Ganz und gar ergriffen werden
Von Göttlicher Vision
Wenn dir das Universum
Eine Geliebte gibt,
Liebe sie! Genieße es!
Vereint mit dem Göttlichen
Und wenn dir das Universum zeigt,
daß du allein sein sollst,
Tu es! Genieße es!
Vereint mit dem Göttlichen

– denn –

Das Schönste
an der Liebe ist
Daß sie allgegenwärtig
In uns ist
Ob Mann oder Frau
Alt oder jung
Die Einheit ist immer
In uns
Deshalb
Brauchen wir uns nicht
an jemandem festzuhalten
Wir brauchen keine Geliebte
um in der Liebe zu sein
Gott sorgt
für all seine Schöpfungen
Auch allein,
sind wir nie allein
Mutter Natur sorgt
für all ihre Schöpfungen
Auch allein
sind wir immer all eins

Eine Übung

Übe es, die Schönheit in jedem zu sehen... auch die Schönheit in dir selbst... Jeder, den du liebst, jeder Freund, jeder, dem du begegnest, sogar jeder, den du nur siehst, besitzt eine eigene, einzigartige Schönheit... ein einzigartiges Antlitz Gottes oder einen Funken der Göttlichkeit, die er widerspiegelt.

Kannst du es erkennen?

Jeder, den du je geliebt hast oder jemals lieben wirst, ist im Grunde seines Seins ein göttliches Wesen... Kannst du es erkennen?

Sein Körper ist die wunderbare Schöpfung einer liebenden göttlichen Kraft, und indem du ihn liebst, verbindest du dich mit dieser Kraft... Und das Schönste daran ist, daß das gleiche für den anderen Menschen gilt, da er die Göttlichkeit in dir sieht.

Eine Liebesmeditation

Willst du dir den idealen Liebespartner schaffen? Oder es selbst werden? Versuche es einmal mit einer Meditation ähnlich der folgenden:

Setze oder lege dich bequem hin. Nimm einen Atemzug, atme aus und entspanne deinen Körper... Nimm einen weiteren Atemzug, atme aus und entspanne deinen Geist... Atme noch einmal ein, atme aus und laß alles gehen... Wiederhole dies einige Male, bis du ganz entspannt bist...

Stell dir dann vor, daß du den idealen Liebespartner triffst. Stell dir vor, daß du ihn berührst. Stell dir vor, daß du alle guten Eigenschaften besitzt, die du dir wünschst. Stell dir vor, daß ihr euch liebt, leicht und mühelos und ganz besonders schön.

Bestätige dir selbst etwa folgendes (finde Aussagen, die für dich passen):

Mein idealer Liebespartner ist zu mir gekommen, einfach und mühelos. Ich bin offen und spontan – ein äußerst befriedigender Liebespartner! Ich bin jetzt der ideale Liebespartner zusammen mit dem idealen Partner.

Laß dir ein wenig Zeit, um dich deinen Phantasien hinzugeben. Bald wird es sich für dich manifestieren zum Besten aller Beteiligten.

VI Alleinsein

Alleinsein heißt, sich auf sein heiliges Wesen einstimmen

Alleinsein ist eine schöne Kunst, die heutzutage in Amerika beinahe ausgestorben ist. Alleinsein ist eine der Hauptängste der Menschen dieses Landes. Das ist zu schade, da das Alleinsein die besten Voraussetzungen für Wachstum und schöpferisches Arbeiten bietet, die es gibt.

Schau dir einmal das Leben großer Frauen und Männer der Geschichte an. Ihre Visionen, ihr tiefes Verstehen kamen ihnen in Augenblicken, wo sie allein waren. Alleinsein heißt, sich auf sein heiliges Wesen einstimmen.

Wenn du gerne allein bist, dann bist du auf dem richtigen Weg, um deine innere Freiheit zu finden. Wenn du nicht gerne allein bist, kannst du einiges tun, um das zu ändern. Es ist unvermeidbar, zeitweise allein zu sein, deshalb ist es besser, Freude daran zu haben.

Selbstprüfung

Eine der besten Techniken ist ganz einfach Selbstprüfung. Schau dir ganz genau – ohne auszuweichen – alles an, was du am Alleinsein fürchtest oder was dir daran mißfällt. Beobachte, was dir durch den Kopf geht, wenn du allein bist. Aber bewahre deine Selbstachtung, verurteile dich nicht oder verfalle in Schuldgefühle. Du sollst alles, was du dir selbst sagst, klar sehen. Achte auf Gedanken, Melodien und auf alles, was dir sonst noch durch den Kopf geht.

Beobachte deine Gedanken und Gefühle. Das ist alles, was du zu tun brauchst. Nimm sie wahr, wenn sie auftauchen, beobachte sie, wenn sie dein Bewußtsein beherrschen, und laß sie gehen. Erkenne, daß diese Gedanken und Gefühle vorbeigehen – alles geht vorbei. Und sie gehen viel schneller vorbei, wenn du so frei bist, daß du sie klar und offen beobachten kannst, ohne sie abzuwehren.

Die Selbstbefragung

Wenn du Schwierigkeiten mit dem Alleinsein hast, dann praktiziere die Selbstbefragung, die in Kapitel II («Eine tantrische Übung») beschrieben ist. Frage dich selbst: «Was fühle ich jetzt?» oder «Was sage ich mir jetzt?» Gib dir selbst die erste Antwort, die dir in den Sinn kommt und sage dann «Danke schön!» zu dir selbst. Frage immer und immer wieder, so oft es nötig ist, um eine Antwort zu erhalten, die dich befriedigt.

Versuche Fragen zu stellen, die immer tiefer gehen, bis du die Frage und die Antwort findest, die deine Schwierigkeiten beheben. Du brauchst dich nicht vor dem Alleinsein zu fürchten. Du bist ein unendlich schöpferisches Wesen – und gewöhnlich ist es viel einfacher, dein schöpferisches Potential auszunutzen, wenn du allein bist, als wenn du mit anderen zusammen bist.

Eine Meditation übers Alleinsein

Wenn du allein bist, bist du offen dafür, dich von deinen intuitiven Gedanken leiten zu lassen. Eine Meditation wie die folgende kann dir dabei helfen:

Sitze bequem. Dein Körper, dein Geist, dein ganzes Wesen soll sich entspannen.

Wähle einige Aussagen aus, die dir gut erscheinen, und wiederhole sie mit Gefühl.

Einige Vorschläge:
Ich bin gerne allein.
In meiner Einsamkeit finde ich zu tiefem Verstehen.
Mein Leben verbessert sich täglich.
Mein intuitives Verstehen ist vollständig, klar und immer gegenwärtig.
Ich bin offen dafür, all das zu erfahren, was ich wissen muß und all das zu bekommen, was ich brauche.

Genieße die Zeit, in der du allein bist. In diesen besonderen Augenblicken findest du tiefe Lehren – wenn du dir selbst Zeit gibst, auf deine innere Stimme zu hören.*

* Du kannst zum Beispiel, wenn du allein bist, Kassetten anhören, die erhebend und inspirierend sind oder dir helfen, dich zu entspannen.

[illegible]

[illegible]

[illegible]

[illegible]

[illegible]

VII Arbeit

Wenn du dich hauptsächlich auf deine unmittelbarsten Bedürfnisse konzentrierst, verlierst du womöglich den Weitblick...
Konzentriere dich auf dein höchstes Ziel im Leben, auf deine innigsten Wünsche, deine schönsten Träume...

Buckminster Fuller erzählt, er habe, als er ein junger Mann war, festgestellt, daß es nicht länger nötig sei, für den Lebensunterhalt zu arbeiten, da wir einen Grad der Automation und Produktivität erreicht hätten, der es nicht länger erfordere, daß jeder für seinen Unterhalt arbeiten müsse. Also verbrachte er mehrere Jahre damit herauszufinden, was für die Menschheit und für den Planeten ganz allgemein getan werden müßte. Er folgte seiner Intuition und seinen Träumen und leistete so einen der wichtigsten Beiträge zu diesem Jahrhundert.

Nimm deine Einstellung unter die Lupe

Nimm deine Einstellung zur Arbeit unter die Lupe – engt sie deine persönliche Freiheit ein? So viele Menschen haben sich diese Frage nie gestellt – es ist eine Frage, die ihre Lebensqualität verändern könnte.

Unsere Ansichten und Vorstellungen bilden die Grundlage, die wiederum unser Erleben der Welt hervorbringt. Wenn wir glauben, 40 Stunden pro Woche arbeiten zu müssen, und etwas tun, was uns mißfällt oder was wir als stumpfsinnig und unschöpferisch empfinden, dann werden wir bald feststellen, daß die Welt uns in unserem Glauben unterstützt, und es wird für uns den Anschein haben, daß es geradezu unerläßlich ist, mit dieser Arbeit fortzufahren, nur um die Grundbedürfnisse des Lebens zu befriedigen. Es ist aber sehr wichtig zu erkennen, daß das bloß eine Meinung ist (jedoch eine weitverbreitete) und daß viele andere Menschen sehr erfolgreich mit anderen Glaubenssystemen gearbeitet haben.

Überprüfe deine Glaubenssätze und erkenne, daß du sie ändern kannst, wenn du meinst, daß du Ansichten (oder sogar Grundsätze) hast, die nicht deinem höchsten Ziel dienen.

Aussagen sind machtvolle Werkzeuge, um selbst tiefste Glaubenssätze zu ändern. Wenn du mit deiner derzeitigen Glaubensstruktur nicht zufrieden bist, dann finde heraus, welche Aussagen sie ändern können. Die einzige, am stärksten treibende Kraft, die die Menschen noch bei ihren ungeliebten Jobs hält, ist die Unsicherheit – Angst, nicht genug zu haben, Angst, es ohne diese Arbeit nicht zu schaffen. Benutze die Kraft der Aussagen, um deine Ängste zu vertreiben. Denke daran, daß das Universum immer für dich sorgt, wenn du deiner inneren Führung folgst und zu deinem Besten handelst – dann hast du immer genug.

Ich gab einen sehr sicheren Vollzeitjob auf, um mit sehr

unsicheren Verlagsgeschäften zu beginnen, die in den ersten drei Jahren erst einmal jede Menge Geld verschlangen. Diesen sicheren, regelmäßig bezahlten Job zu verlassen war nicht einfach – ein Sprung war nötig, ein Glaubenssprung. Aber ich wußte, daß ich mit mir selbst, mit meinem ganzen Potential Kompromisse einging, wenn ich weiterhin dieser Arbeit nachginge. Und ich wußte, daß das Universum mir helfen würde – auch wenn ich nicht wußte wie. Und wie immer hat es das auch getan. Ich bin nicht reich, weil ich es mir nicht klar visualisiert habe – zumindest bis jetzt nicht. Aber ich habe alles, was ich brauche, und fühle mich wohl mit einem Lebensstil, der mir gestattet, dann und nur dann zu arbeiten, wenn ich mich danach fühle, und der mir viel Zeit für kreative Vorhaben läßt.

Du kannst es auch so machen – wenn du willst.

Dein höchstes Ziel

Die meisten Menschen arbeiten, um zu überleben. Und das nimmt so viel Zeit und Energie in Anspruch, daß sie ihre innigsten Wünsche und die Gebiete, auf denen sie schöpferisch tätig sein könnten, vernachlässigen. Wenn du dich hauptsächlich auf deine unmittelbaren Bedürfnisse konzentrierst – Essen, Miete, Bekleidung, Zahnarztrechnungen usw. –, verlierst du womöglich den Weitblick.

Beginne statt dessen, dich auf dein höchstes Ziel im Leben, auf deine innigsten Wünsche, deine schönsten Träume zu konzentrieren. Suche oder schaffe dir Arbeit, die im Einklang mit diesen Dingen ist, dann wirst du merken, daß alles andere in deinem Leben mit der Zeit ins Lot gerät, sowie du dich selbst mit deinem höchsten Ziel in Einklang bringst. Das braucht vielleicht einige Zeit, um sich zu entfalten, aber es ist eine Reise, die anzutreten sich lohnt.

Dein Ideal

Manche Menschen haben Schwierigkeiten, ihr höchstes Ziel zu entdecken. Es ist so lange her, daß wir uns wirklich die Zeit genommen haben, uns ernsthaft mit unseren Zielen zu beschäftigen, daß wir schließlich vergessen, wie sie aussehen. Mach bitte jetzt gleich dieses kleine Spiel – es hat die Kraft, grundlegende Veränderungen in deinem Leben hervorzurufen. Es heißt «Idealvorstellung».

Wenn du allein bist, nimm ein Blatt Papier oder setze dich mit einem engen Freund zusammen. Nimm an, du bist fünf oder zehn Jahre in der Zukunft und hast alles erreicht, was dein Herz jemals begehrt hat. Laß deiner Phantasie freien Lauf, auch wenn du unrealistisch sein magst. Es ist dir gelungen, deine kühnsten Träume zu verwirklichen.

Beschreibe, wo du lebst, was du machst, wieviel Geld du verdienst, welche Beziehungen du hast usw. Deine Angaben sollen möglichst genau sein.

Spiele das, so wie ein Kind im Spiel das ist, was es einmal werden will, wenn es groß ist. Wenn du alles haben könntest, was du dir wünschst, was wäre das dann?

Hab Spaß mit dieser Übung. Laß deine Phantasie umherwandern und erkunde alle verschiedenen Möglichkeiten, wenn dir danach ist. Es ist nicht nur eine «Kinderei» – es könnte sich ganz konkret auf deine Zukunft auswirken.

Jetzt, wo du deine Idealvorstellung erkundet und deine Träume aus dem Schrank geholt hast, bist du in der richtigen Verfassung, um dein höchstes Ziel im Leben in einem einfachen, kurzen Absatz zusammenzufassen. Jetzt hast du den richtigen Blickwinkel, um deine Nah- und Fernziele zu skizzieren.

Nimm dir eine Viertelstunde Zeit, um obige und folgende Übung zu machen:

Nimm ein Blatt Papier und schreibe: «Mein höchstes Ziel im Leben ist...» Ergänze den Satz. Schreibe nicht mehr als einen kurzen Absatz, um auszudrücken, was es ist. Natürlich wird das dann sehr allgemein gehalten sein.

Darunter führst du dann jedes Vorhaben an – kurz- und langfristig –, das im Einklang mit diesem Ziel ist und dich weiterbringt.

Einige werden allgemeinerer Art sein, andere kannst du genauer festlegen. Unter diesen Vorhaben – vielleicht auf einem anderen Blatt, wenn es nötig ist – führst du die Sofortmaßnahmen auf, die nötig sind, um das Vorhaben durchzuführen.

Jedes umfangreichere Hauptziel kann in eine Reihe von Vorhaben unterteilt werden. Und jedes dieser Hauptvorhaben kann wieder in mehrere genauer bestimmte Vorhaben aufgegliedert werden. Und diese können wieder in einzelne Schritte zerlegt werden, die nötig sind, um das jeweilige Vorhaben durchzuführen.

Konzentriere dich weiterhin auf diese Vorhaben, dann kannst du sie auch durchführen. Du solltest dich jedoch niemals von deinen Zielen gefangen fühlen – du kannst sie immer wieder ändern oder aufgeben, wenn du es für richtig hältst.

Wenn du dir erst einmal dein höchstes Ziel und deine Vorhaben klar vor Augen geführt hast, bist du viel eher als vorher in der Lage zu entscheiden, was du mit deiner wertvollen Zeit und Energie machst. Das ist der Schlüssel, um für dich selbst das zu finden, was man den «wahren Lebensinhalt» nennt – eine Arbeit, die im Einklang mit deinen höchsten Zielen ist. Und das ist auch wirklich die einzige

Art von Arbeit, die dich zutiefst befriedigt. Und es ist die einzige Arbeit, für die du eine solche Energie aufbringen kannst, daß du erreichst, was du dir wünschst. Es erfordert vielleicht einen Sprung – das ist wahrscheinlich –, aber du wirst es nie bereuen, den Sprung gemacht zu haben.

Eine Meditation, um dir die vollkommene Arbeit zu erschaffen

Wie bei allem anderen auch ist es wesentlich, zuerst auf den inneren Ebenen ein Bild des Erfolges zu zeichnen, bevor er sich auf den äußeren Ebenen manifestieren kann, in der sogenannten «realen Welt». Versuche es mit folgender Meditation und achte auf die Ergebnisse:

Entspanne dich einige Minuten. Du kannst eine kurze Atemübung machen, bei der du dreimal ein- und ausatmest, oder auch eine längere.

Die kurze Übung: wenn du nur wenige Minuten Zeit für diese Übung hast, mach einen tiefen Atemzug und, wenn du ausatmest, bestätige dir: «Mein Körper entspannt sich jetzt.» Mach einen weiteren tiefen Atemzug und sage dir beim Ausatmen: «Mein Geist entspannt sich jetzt.» Mach einen letzten tiefen Atemzug und sage dir beim Ausatmen: «Ich lasse alles gehen» (oder: «Ich bin jetzt vollkommen entspannt»).

Die längere Übung: Wenn du zehn Minuten oder länger Zeit für diese Übung hast, atme einfach ein und entspanne beim Ausatmen die Füße. Atme wieder ein und entspanne beim Ausatmen die Fesseln. Fahre mit tiefen, rhythmischem Atmen fort und bewege dich beim Ausatmen durch den ganzen Körper, entspanne jeden Körperteil: Waden, Knie, Schenkel, Gesäß, Geschlechtsteile, untere Rückenpartie, Magen, Zwerchfell, mittlere Rückenpartie, Herz, Lunge, obere Rückenpartie, Schultern, Oberarme, Ellbogen, Unterarme, Hände, Hals, Gesicht, Hinterkopf, Scheitel…

Jetzt bist du tief entspannt. Genieße das Gefühl tiefer Entspannung. Jetzt bist du für jede Meditation in diesem Buch bereit.

Stell dir vor, daß du die Arbeit tust, die du am liebsten tun würdest. Versuche, dich wirklich bei dieser Arbeit zu sehen. Wenn du es nicht ganz deutlich erkennen kannst, macht das nichts – du solltest es dir aber wirklich vor Augen führen können. Erfreue dich daran wie ein Kind. Hab Spaß dabei. Stell dir vor, wie du deine Zeit verbringst. Stell dir deine Arbeitsumgebung vor. Stell dir vor, daß du für deine Arbeit bezahlt wirst. Stell dir vor, daß du sehr zufrieden und glücklich mit der Arbeit und ihrem Ertrag bist. Du brauchst nicht einmal genau zu erkennen, wie du von da, wo du jetzt bist, dorthin gelangst, wo deine Träume dich hinführen. Stell dir nur immer wieder die Umstände vor, die du dir letztendlich wünschst, dann wird dir die Macht deines Unbewußten zeigen, wie du dorthin gelangst.

Laß dieser schöpferischen Visualisation Aussagen wie etwa diese folgen:

«Ich habe nichts zu befürchten. Alle meine Ängste sind unbegründet.»

«Das Universum sorgt für mich.»

«Die ideale, schöpferische Arbeit kommt zu mir, einfach und mühelos.»

«Meine Verbindung mit der unendlichen Intelligenz

zeigt mir meine ideale Arbeit und Tätigkeit in der Welt.»

«Als schöpferisches Wesen finde ich Erfüllung.»

«Ich bin erfolgreich.»

«Ich kann alles erreichen, was mein Herz begehrt.»

Erfinde Aussagen, die zu dir passen.

Mach dann einen tiefen Atemzug und sage dir: «Das oder etwas Besseres manifestiert sich jetzt zum Besten aller Beteiligten. So soll es sein. So ist es.»

Mach einen weiteren tiefen Atemzug und kehre dann in deiner Weise und in deinem Tempo zu deinem Wachbewußtsein zurück.

Mach diese Übung für eine kurze Zeit täglich. Bald – innerhalb von drei Wochen – wirst du beginnen, dir ein viel wirkungsvolleres Arbeitsverhalten und dementsprechende Arbeitsumstände zu schaffen. Bald wirst du klare, einsichtige und schöpferische Einfälle haben, die deine Arbeit in etwas verwandeln, was im Einklang mit deinem höchsten Ziel auf der Welt ist.

Sei ausdauernd, aber mach dir keine Sorgen darüber, wie du es erreichen wirst. Die Mittel und Wege werden dir noch klarwerden.

Hab Freude an deiner Arbeit

Es ist auch wichtig zu sehen, daß alles, was du jetzt tust, einen ganz bestimmten Grund hat und auf seine Weise befriedigend sein kann. Monotone Routinearbeit kann zum Beispiel ausgesprochen gut sein, um deine Aufmerksamkeit zu üben – deine Gedanken verfolgend, dich selbst beobachtend. Viele Menschen erlangen große Befriedigung und Erfüllung durch eine «weltliche» Tätigkeit, die aber anderen in ihrer Familie oder Gemeinschaft dient.

Hab Freude an deiner Arbeit – ungeachtet dessen, was du machst und ungeachtet dessen, ob du dir wünschst, etwas anderes zu tun oder nicht. Du wirst auf vielfältige Weise belohnt werden, wenn du das kannst.

VIII Geld

Wir sind so begrenzt oder grenzenlos, wie es uns unsere Vorstellung erlaubt

Jetzt kommen wir der Sache auf den Grund.

Es gibt eine ausgesprochen gute und doch kurze Übung – meine Freunde und ich haben sie bei einigen unserer Workshops gemacht. Nimm dir ein paar Minuten Zeit und mache die Übung! – Das restliche Kapitel wird dann für dich viel mehr Bedeutung haben.

Nimm ein Blatt Papier und schreibe: «Geld ist...» Darunter führst du dann alles auf – Gutes, Schlechtes, Unwichtiges, Komisches, Verwunderliches – was dir zum Thema Geld einfällt. Schreibe auf, was du über Geld gehört hast. Schreibe auf, was du dir selbst über Geld sagst. Nach etwa zehn Minuten hast du wahr-

scheinlich das Wichtigste niedergeschrieben... laß dir aber länger Zeit, wenn du das Gefühl hast, daß du einer Sache ausweichst.

Diese Liste enthält wahrscheinlich eine Menge widersprüchlicher Gefühle und Vorstellungen. Jetzt versuche es einmal so zu sehen: *Geld ist nichts von all dem*... Geld an sich ist überhaupt nichts – außer dem, was du aus ihm machst. Geld hat wirklich etwas Geheimnisvolles an sich. Es ist lediglich ein Blatt Papier, auf dem sich Buchstaben, Zahlen und Bilder befinden – es ähnelt sehr dieser Seite, die du gerade liest. Und doch gibt es so viele widersprüchliche Einstellungen und Empfindungen dazu.

Es hat selbst keinen Wert, sondern ist lediglich ein Tauschmittel, eine Vereinbarung, die getroffen wurde, um sich das Handeln einer Sache gegen eine andere zu erleichtern.

Schau dir deine Liste noch einmal an – achte darauf, was du für Geld empfindest und was du darüber denkst. Es ist gut, es ist schlecht... Kannst du erkennen, wie diese Vorstellungen das derzeitige Erleben deiner finanziellen Situation geschaffen haben? Kannst du erkennen, daß diese Vorstellungen über Geld dir entsprechen? Siehst du, daß du es so haben kannst, wie du willst – wenn du deine Vorstellungen änderst?

Wir können so viel oder so wenig Geld haben, wie wir wollen. Tatsächlich *haben* wir schon so viel oder so wenig Geld, wie wir uns wünschen. Das kann ich mit folgender Theorie erklären: jeder schafft sich genau den Lebensstil, den er für richtig oder passend hält. Der Säufer von der Straße denkt auf den tiefsten Ebenen seines Seins – auch wenn er es bewußt abstreitet –, daß ein Säufer zu sein wirklich am besten zu ihm paßt. Du hältst deine derzeitige Lebensweise für die beste, oder du glaubst, sie verdient zu haben, auf den tiefsten Ebenen deines Seins. Wenn du dein Leben verändern willst, mußt du diese tiefen, inneren Glaubenssätze ändern, durch schöpferische Meditation und Aussagetechnik, durch deine eigene Vorstellungskraft.

Es ist nicht notwendig, um Geld zu kämpfen oder sich dadurch unter Druck zu fühlen. Es ist vielmehr notwendig, die Prinzipien zu verstehen, nach denen es wirkt, und sich dann für sich selbst zu entscheiden, wieviel man sich erschaffen will.

Ich bin kein Meister im Geldverdienen – zumindest zur Zeit nicht. Ich habe mir keine großen Reichtümer geschaffen. Aber ich habe mich weit von meinem «Armutsbewußtsein» entfernt (das ich in den sechziger und frühen siebziger Jahren für richtig hielt) und habe mir erschaffen, was mein Herz begehrte, begründet auf der Gewißheit, daß das Universum mich unterstützt, wohin ich gehe und was ich auch tue. Das war verhältnismäßig leicht für mich, indem ich meine Glaubenssätze über Geld und über meinen Lebensstil im allgemeinen überprüfte und diese Glaubenssätze durch schöpferische Meditation und Aussagetechnik änderte. Es ist recht erstaunlich zu sehen, wie deine ganze Welt sich verändern kann als Ergebnis von ein wenig wirkungsvoller innerer Arbeit.

Einengende Vorstellungen

Unser Erleben der Welt entsteht aus unseren tiefverwurzelten Glaubenssätzen über uns selbst und unsere Welt. Das ist eine tiefgehende, machtvolle Lehre, wenn du sie erst einmal begriffen hast. Die meisten Menschen glauben, daß es genau umgekehrt funktioniert: die Welt ist da, und so entwickeln wir «realistische» Vorstellungen als Ergebnis des Eindrucks, den die Welt auf uns macht. Ich möchte dich aber ermutigen und auffordern, die andere Sichtweise auszuprobieren und zu schauen, was geschieht.

Was ist, wenn es wahr ist, daß unsere tiefsten Glaubensvorstellungen unser Erleben der Welt hervorbringen? Wenn dem so ist, sollten wir uns wohl die Zeit nehmen, diese Vorstellungen zu überprüfen und besser kennenzulernen. Das ist überhaupt nicht schwierig, wenn wir mit der Selbstbefragung arbeiten, die in Kapitel II beschrieben wird. Und es ist überhaupt nicht so schwierig herauszufinden, woher diese Glaubensvorstellungen kommen – gewöhnlich von Eltern, Angehörigen oder anderen, die wir achten oder bewundern. Manche dieser Vorstellungen sind brauchbar und hilfreich. Viele sind einengend und unnötig. Das kann man ändern – zweifle nicht daran.

Du lenkst dein Leben. Sicherlich kein anderer als du! Du erschaffst dir selbst ständig dein eigenes Erleben, begründet auf deinen Vorstellungen davon, wie du bist, was du verdienst, wie die Welt ist usw... Und das spiegelt sich ständig in dem wider, was du dir selbst sagst.

Schau einmal, was du dir selbst sagst. Viele Menschen sind sich einfach ihrer eigenen Gedankenabläufe nicht bewußt. Konzentriere dich auf deine Gedanken und verfolge sie genau. Laß die negativen, einengenden gehen. Konzentriere dich statt dessen auf andere, die dir mehr nützen und der Wirklichkeit, die du erschaffen willst, näher sind. Jegliche Gedanken, die einen Mangel oder eine Begrenzung ausdrücken, sind unnötig. Du kannst alles tun, was du willst. Du kannst dir jeden Lebensstil schaffen, den du magst. Du kannst soviel Geld haben, wie du willst – das ist wahr, wenn du nur einfach daran glaubst.

Ein sehr weiser Mensch (ich bin mir nicht sicher, wer es war) hat einmal gesagt: «*Findest du Gründe für deine Begrenzungen, dann sind sie dein!*» Das ist es, in wenigen Worten gesagt. Wir sind so begrenzt oder grenzenlos, wie es uns unsere Vorstellung erlaubt. Laß deine einengenden Vorstellungen gehen. Stell dir statt dessen deine Größe vor, und sie wird dein sein.

Eine schöpferische Meditation für Geld

Mache folgende Meditation und beobachte, wie sich – oft schon nach kurzer Zeit – greifbare Ergebnisse einstellen.

Mach's dir bequem, schließe die Augen…

Entspanne dich…

Stell dir vor, daß das Geld zu dir kommt in einer Art und Weise, die dir gefällt. Du kannst es einfach als Energie empfinden, die du anziehst, oder du kannst es als Banknoten oder Schecks sehen. Stell dir vor, daß es aus einer Richtung kommt, aus einer anderen und wieder einer anderen. Stell dir vor, daß es aus allen Richtungen kommt. Bewege dich durch den ganzen Kreis möglicher Richtungen.

Fühle, wie das Universum in seiner grenzenlosen Fülle dich mit Geld überschüttet.

Gib Aussagen wie den folgenden deine ganze Kraft:

«Ich bin offen, die Segnungen eines reichen Universums zu erhalten.»

«Geld kommt zu mir, einfach und mühelos.»

«Mein Einkommen übersteigt meine Ausgaben.»

«Ich bin eine Quelle des Reichtums in einem reichen Universum.»

«Meine Verbindung zur unendlichen Intelligenz bringt mir jetzt umfangreichen persönlichen Wohlstand.»

Wenn du die letzte Aussage machst, stell dir vor, daß dein Geist mit einem Brennpunkt universeller Energien verbunden ist, der dich mit Reichtum und Wohlstand überschüttet.

Mach diese Meditation etwa eine Woche lang täglich und achte darauf, ob sich nicht einige erfreuliche Dinge für dich ergeben. Ich mache diese Meditation oft morgens, wenn ich noch im Bett liege, zusammen mit einer Visualisation vollkommener Gesundheit. Ich stelle mir vor, daß ich alle schöpferischen Vorhaben und geschäftlichen Angelegenheiten, die noch vor mir liegen, mühelos meistere. Wenn man es einmal auf der inneren Ebene erledigt hat, scheint sich auf der äußeren Ebene ohne viel Mühe alles wie von selbst zu ergeben. Wie durch Zauberei tauchen Möglichkeiten auf, und du fühlst dich in der Lage, sie wirklich wahrzunehmen.

Sei dir, falls du diese Meditation machst, der Tatsache bewußt, daß du dein machtvolles und umfangreiches Unterbewußtsein darauf einstellst, noch ein größeres Maß an Wachstum und Gesundheit zuzulassen. Dein Unterbewußtsein wird auf diese Weise antworten, indem es dir bestimmte Einfälle, Gedankenverbindungen und Vorahnungen gibt. Geh diesen Einfällen nach, auch wenn sie sehr spontan erscheinen. Wenn du das Gefühl hast, daß sie gut sind, werden viele sehr fruchtbar sein. Und wenn sie nicht fruchtbar sind, ist nichts verloren, da du ja eine Menge Erfahrungen gemacht hast.

Reichtum erschaffen

Es kann persönlich und finanziell sehr befreiend sein zu verstehen, daß Geld erschaffen und Reichtum erschaffen oft zwei verschiedene Dinge sind – Reichtum ist verhältnismäßig leicht zu erschaffen. Viele Menschen, die eine ganze Menge Geld besitzen, haben sich nicht das Gefühl, reich zu sein, geschaffen. Sie machen sich Sorgen über Inflation, Steuern, Kapitalanlagen, die Zukunft usw. Und dann gibt es auch Menschen, die sehr wenig Geld haben, die aber das Gefühl haben, reich zu sein, und in einer Welt leben, in der es immer mehr als genug von allem gibt. Denn Reichtum *ist eine innere Haltung* – eine innere Haltung, die wir uns ganz bewußt mit der Kraft unseres Geistes schaffen können.

Wir leben in einem reichen Universum: Schau zu den zahllosen Sternen am Himmel – 100 Milliarden bekannte Galaxien, von denen jede im Durchschnitt 200 Milliarden Sonnen hat – schau dir die vielen Samen an, die eine Eiche hat oder ein Eukalyptusbaum oder ein Löwenzahn. Wir sind von unendlichem Reichtum umgeben, wenn wir aufhören, uns selbst davon auszuschließen, wenn wir uns öffnen und uns daran teilhaben lassen.

Fang jetzt damit an, dich selbst als reiches Wesen zu sehen. Es spielt keine Rolle, ob du ein Bankkonto in einer bestimmten Höhe hast. Das einzige, was zählt, ist deine innere Haltung – die sich darin widerspiegelt, was du dir selbst sagst. Fange damit an, dir zu sagen, daß du ein reiches Wesen bist in einem reichen Universum, wo für alle genug da ist. So soll es sein – so ist es.

Der Zehn-Prozent-Plan

Ich habe ein System entwickelt, mit Geld umzugehen, das sehr gut für mich arbeitet und das ich auch schon vielen anderen empfohlen habe. Leonard Orrs Buch *Rebirthing In the New Age* hat mir dafür viele Anregungen geliefert.

Ein sehr häufig auftretendes Problem ist, daß viele Leute dazu neigen, alles, was sie verdienen, gleich wieder auszugeben. Das galt bis vor etwa vier Jahren auch für mich. Selbst wenn ich einen Job hatte, bei dem sich mein Gehalt regelmäßig um einiges erhöhte, gab ich doch immer noch alles aus, was ich verdiente.

Dann begann ich, zehn Prozent meines Einkommens zu sparen – ich zog wirklich den Zehnten für mich selbst ein. Ich erkannte, daß, wenn ich immer genug hatte, egal wieviel Geld ich verdiente, ich auch genug hätte, wenn ich nur neunzig Prozent dessen, was ich verdiente, ausgäbe. Zuerst schienen meine Ersparnisse nicht sonderlich zu wachsen – aber nach ungefähr einem halben Jahr war es doch schon eine ganze Menge, und ich schloß einen längerfristigen Sparvertrag mit höherem Zinssatz ab.

Es tat mir jetzt so gut, zehn Prozent zu sparen, daß ich bald anfing, zwanzig Prozent zu sparen: ich eröffnete zwei verschiedene Konten. Zehn Prozent tat ich auf ein Sparbuch, das ich gelobte, nicht zu berühren, komme, was wolle, und zehn Prozent zahlte ich auf ein Girokonto ein, über das ich frei verfügen konnte und investieren konnte, in was ich wollte. Ich beschloß, die Hälfte der Summe in mein eigenes Geschäft und meine eigene Kreativität zu investieren – ich habe davon Gebrauch gemacht, wenn es nötig war, um Instrumente und Material zu kaufen, und um Bücher zu drucken und Schallplatten mit meiner Musik aufzunehmen, wenn ich keine anderen Geldquellen auftun konnte. Aber die andere Hälfte verwende ich für andere Dinge wie zum Beispiel Silber, Aktien oder Vorhaben von Freunden.

Mein jährliches Einkommen ist nicht so beeindruckend – ich bin selbständig und lebe von meinen Autorenrechten. Aber nach einem Jahr waren die Konten schon so gewachsen, daß ich mich allmählich wie ein reicher Unternehmer fühlte. Ich ging einen Schritt weiter und legte jetzt weitere zehn Prozent auf einem anderen Konto an, das ich für größere Ausgaben vorsah. So habe ich Bargeld für größere Einkäufe oder unerwartete Ausgaben zur Verfügung, ohne mein Sparkonto oder mein Investitionskonto belasten zu müssen. Jetzt lebe ich von 70 Prozent dessen, was ich verdiene, und die restlichen 30 Prozent arbeiten für mein derzeitiges und zukünftiges Wohl.

*«Ich empfehle, damit zu beginnen,
zehn Prozent zu sparen…*

... und es dann zu erhöhen. Jetzt lebe ich von siebzig Prozent dessen, was ich verdiene, und die restlichen dreißig Prozent arbeiten für mein derzeitiges und zukünftiges Wohl.»

Der Zehn-Prozent-Plan, den Marcus Allen vorschlägt, ist einfach zu realisieren und gerade deshalb so überzeugend. Denn Reichtum kann nicht an einer absoluten Summe gemessen werden, er ist immer relativ und nicht zuletzt eine Frage der inneren Einstellung, wie der Autor an anderer Stelle bemerkt.

Auch wer nur wenig sparen kann – zu günstigen Konditionen angelegt, wird jeder Betrag im Laufe der Zeit zu einem Vermögen.

Ich empfehle, damit zu beginnen, zehn Prozent zu sparen, und es dann zu erhöhen. Wenn du innerhalb einiger Wochen nicht so viel sparen kannst, wie du beabsichtigst, ärgere dich nicht – es ist noch nichts verloren. Aber schon die Tatsache, daß du einen Rahmen hast, in dem du sparst, investierst, größere Einkäufe machst und doch noch Geld hast, andere Ausgaben zu decken, wird dir helfen, deine Vorstellungen von der Menge Geld, die du dir erschaffen solltest, zu erweitern. Entweder du schaffst dir mehr oder du gehst mit dem, was du jetzt hast, besser um.

Manche Leute fragen mich, warum ich mir noch die Mühe mache, Geld zu sparen, wenn die Inflationsrate höher ist als der Zinssatz? Ich glaube aber, daß es besser ist, etwas Gespartes zu haben als überhaupt nichts. Und dann kannst du noch versuchen, zumindest einen Teil des Geldes von deinem Investitionskonto in Dingen anzulegen, die im Wert schneller steigen als die Inflationsrate.

Wir brauchen uns übrigens auch keine Sorge um Inflation, Rezession oder Depression zu machen. Wir leben in einem reichen Universum. Wenn wir diese Grundeinstellung haben, werden wir immer genug für uns und unsere Familien erschaffen. Und so können wir auch anderen um uns herum helfen, ihre schlechten Bedingungen durch unser gutes Beispiel zu überwinden. Einige wurden während der sogenannten «großen Depression» reich – die Erfolgreichen waren jene, die sich weigerten, an das zu glauben, was in der Zeitung stand und was alle anderen glaubten. Sie benutzten ihre ganze Vorstellungskraft, um sich den Reichtum des Universums zu erschließen, der für uns alle zugänglich ist.

Zusammenfassend

Ein großer Meister hat einmal gesagt:

Bitte und du wirst es erhalten

Bitte um das Geld, den Lebensstil, die Dinge, die du verdienst und dir sehnlichst wünschst. Bitte darum in deinem täglichen Leben bei passender Gelegenheit. Bitte darum in deiner Meditation – visualisiere es, wie es zu dir kommt. Bitte darum, und du wirst es bekommen – das ist ein Gesetz des Universums, es stellt die Kraft des schöpferischen Wortes dar. Probiere es aus, dann wirst du es erleben.

IX Kreativität

Du bist ein schöpferisches Wesen.
Sei dir dessen bewußt.
Akzeptiere es. Freu dich darüber.
Es gibt unendliche Möglichkeiten…
täglich träumst von ihnen.

Unsere Kultur war auf manchen Gebieten sehr fortschrittlich und erfolgreich – auf anderen Gebieten scheiterte sie erbärmlich. Ganz besonders versagte unser Bildungssystem in bezug auf die Kreativität. Jedes Kind ist ein schöpferisches Wesen. Kinder malen, singen, tanzen, erfinden Geschichten, Lieder und sogar Freunde, spielen mit unglaublich viel Phantasie und geben sich anderen schöpferischen Tätigkeiten hin. Sie stehen mit ihrer Intuition in Verbindung, welche die Quelle aller Kreativität ist.

Dann schicken wir diese Kinder leider zur Schule, um zu

«lernen». In allzu vielen Fällen wird ihre natürliche intuitive Spontaneität nicht erkannt oder sogar abgelehnt, man zwingt sie, sechs Stunden am Tag an unbequemen Tischen zu sitzen, trichtert ihnen eine ungeheure Menge rationaler «Fakten» ein und nennt das dann Bildung. Die Schule lehrt die Kinder, sie seien dumm, weil sie all diese Fakten nicht kennen. Ihre natürliche schöpferische Begabung wird nicht gefördert und schwindet allzuoft dahin.

Man hielt mich für einen guten, erfolgreichen Schüler. Doch insgesamt spürte ich, daß ich nichts wußte – ich hatte das Gefühl, daß das einzige, was ich in der Schule lernte, eher war, wie man Lehrer beeindruckt, als zu lernen und zu wachsen. Ich glaube, daß die meisten Schüler, ob erfolgreich oder nicht, im wesentlichen in der Schule lernen – auf einer tiefen, vielleicht «unterbewußten» Ebene –, daß sie von allem nicht viel wissen, daß sie im Grunde dumm und phantasielos sind. Zumindest war das meine Erfahrung.

Eine höhere Schulbildung zu bekommen, war für mich sogar noch schlimmer. Ich interessierte mich hauptsächlich für Theater und Englisch – zwei äußerst schöpferische Gebiete. Vielleicht wäre meine Erfahrung eine andere gewesen, wenn meine Lieblingsfächer Betriebsführung oder Sport gewesen wären. Ich glaube schon. Denn das, was ich an der Universität angeblich «lernte», brachte mich eher dazu, mein kreatives Potential stillzulegen, als es zu erweitern.

In Englisch analysierten wir anderer Leute Schriften so lange, bis nur noch sehr wenige von uns daran glaubten, selbst etwas schreiben zu können. Dichtung erschien mir so schwierig – da der Lehrer jede Zeile einer detaillierten, rationalen Analyse unterzog –, daß ich meinte, niemals selbst dichten zu können. Es war viel zu undurchdringlich und schwierig.

Von außen betrachtet erschien ich als erfolgreicher Schüler – ich erreichte «phi beta kappa» und «magna cum laude» mit all den altmodischen Zeremonien und Reden. Aber innerlich war ich trocken, verschlossen und zynisch – das war das Ergebnis meiner höheren Bildung!

Erst sechs Jahre nachdem ich die Universität verlassen hatte, konnte ich etwas schreiben. Leider habe ich auch viele andere getroffen, die auf schöpferischem Gebiet tätig waren und ähnliche Erfahrungen gemacht hatten. Und doch vergaß ich dann nach einer gewissen Zeit die Lehrer und Analysen und konnte allmählich wieder schreiben. Ich brauchte sechs Jahre, aber ich schaffte es, die Verbindung zu meiner angeborenen Kreativität wiederherzustellen.

Ich will nicht sagen, daß es keine guten Schulen und Universitäten gibt. Ich teile einfach nur meine Erfahrungen mit. Glücklicherweise haben viele ganz andere Erfahrungen mit der Schule gemacht. Aber ob deine Erfahrung nun gut oder schlecht war, ist nicht ausschlaggebend: du kannst so kreativ werden, wie du willst.

Erschließe deine schöpferischen Fähigkeiten

Genialität ist in jedem Menschen im Keim vorhanden. Du kannst diese Behauptung vielleicht nicht akzeptieren – du glaubst vielleicht, wie viele andere, daß das Wort «Genie» für ein paar Auserwählte reserviert bleiben sollte, wie zum Beispiel Einstein, Bach, Buckminster Fuller und all die anderen, von denen du glaubst, daß sie weit mehr vollbracht haben als die meisten Menschen. Ich gebrauche «Genie» im weiteren Sinne: ich glaube, daß ein Genie ein Mensch ist, der in Verbindung mit seiner intuitiven Natur, seinen intuitiven Sinnen steht. Wir haben alle diese intuitiven Fähigkeiten und gebrauchen sie andauernd. Wir müssen uns nur einfach dessen, was wir die ganze Zeit natürlicherweise tun, bewußter werden, so können wir die Genialität in uns erschließen. Unsere Kreativität wird sich auftun, einfach und mühelos, und wir werden Gedichte machen, Bücher schreiben, musizieren, handwerklich arbeiten und uns all den anderen befriedigenden und schöpferischen Tätigkeiten widmen.

Es gibt viele verschiedene Wege, um die Genialität in uns zu erschließen. Einer davon ist, sich wieder an Phantasien, Träume und Handlungen aus der Kindheit zu erinnern und eine Verbindung zu ihnen herzustellen. Kinder wissen ganz genau, wo ihre größten schöpferischen Fähigkeiten liegen. Was wolltest du in deinen Träumen tun und werden? Was hast du in Wirklichkeit gemacht, als du jung warst? Erinnere dich daran, stelle eine Verbindung her und *handle* danach. Hol deine alten Buntstifte hervor, setz dich hin und schreibe etwas oder fang einfach an, etwas zu tun – etwas, wozu du gerade Lust hast. Du wirst es nicht bereuen.

Eine andere Möglichkeit, deine Kreativität zu erschließen ist, Zugang zu deinen intensivsten Träumen und Phantasien zu bekommen, die dein ganzes Leben lang immer wieder auftauchen. Welche kreativen Tätigkeiten kannst du dir für dich vorstellen? Ich glaube wirklich, daß du es schon halbwegs geschafft hast, etwas zu machen, wenn du es dir *vorstellen* kannst. Nehmen wir an, du willst ein Buch schreiben. Schon die Tatsache, daß du dir vorstellst, dieses Buch zu schreiben, daß du dir den Titel und den Grundaufbau vorstellen kannst, bedeutet nicht nur, daß du wirklich fähig bist, dieses Buch zu schreiben, es bedeutet auch, daß es schon halb geschrieben ist! Und dieser Teil, der in deiner Phantasie entsteht, ist der wichtigste Teil. Der andere Teil ist verhältnismäßig einfach. Aber ohne diese ursprüngliche Vision würde nichts geschehen. Unterschätze nicht die Macht deiner Phantasien und Tagträume! In ihnen steckt die Kraft, dir das zu schaffen, was dein Herz begehrt.

Vielleicht kann man sich seine Kreativität am besten durch Meditation und Aussagen erschließen. Wir kommen gleich dazu – aber erst wollen wir uns noch mit dem beschäftigen, was uns daran hindert, unsere schöpferischen Kräfte zu erschließen.

Entlasse den Richter

Was blockiert den natürlichen Fluß deiner Kreativität? Die größten Hindernisse für unsere Kreativität – und unsere persönliche Freiheit im allgemeinen – sind die inneren und äußeren Richter, die wir uns selbst geschaffen haben, und das negative Selbstbild, das diese Beurteilungen hervorgebracht haben. Während unserer Kindheit und «Erziehung» gab es viele, die unsere Tätigkeiten und Fähigkeiten beurteilten. Unbewußt gaben wir diesen Richtern die Macht, uns zu beeinflußen. Das Ergebnis war, daß wir uns in vieler Hinsicht unzulänglich und schuldig fühlten – unsere schöpferischen Kanäle trockneten aus.

Laß alle Beurteilungen gehen! Sowohl die, die aus dir kommen, als auch die, die andere dir geben. Gib diesen Meinungen nicht die Kraft, dich zu beeinflußen. Erkenne, daß sie dir nichts nützen – außer natürlich, wenn sie wirklich positiv und hilfreich sind. Immer wenn du bemerkst, daß du dich kritisierst, laß diesen Gedanken einfach gehen und ersetze ihn durch etwas, das dir hilft, zum Beispiel: «Ich bin ein äußerst schöpferischer Mensch» oder «Ich stehe in Verbindung zu meiner intuitiven Intelligenz».

Einer meiner Freunde ist ein höchst erfolgreicher Schriftsteller. Er erzählte mir einmal, daß eine seiner liebsten und besten Kindheitserinnerungen sei, wie seine Mutter ihn abends zu Bett brachte. Jeden Abend sagte sie zu ihm: «Es gibt im Leben nichts, was du nicht tun kannst – du kannst alles werden, was du willst!» Kein Wunder, daß er erfolgreich wurde mit einer frühen Erfahrung wie dieser. Immer wenn wir meinen, daß wir uns selbst gegenüber hart sind, sollten wir uns selbst statt dessen ermutigen, wie die Mutter meines Freundes es tat.

Ein anderes großes und unnötiges Hindernis ist die Angst zu versagen. Die kannst du auch gehen lassen – es gibt überhaupt keinen Grund für die Angst zu versagen. All unsere Ängste sind unbegründet, Versagen bildet da keine Ausnahme. So etwas wie Versagen gibt es nicht. Wie dem auch sei: jedes «Versagen» ist bloß eine weitere Lektion für dich auf dem Weg zum Erfolg – wenn du es einmal so siehst. Durch Ausprobieren zu lernen ist ein natürlicher Ablauf in unserer Entwicklung – geradeso wie ein Kind immer wieder hinfällt, wenn es laufen lernt. Wenn wir jedes Hinfallen wichtig nähmen, würden wir immer noch im Laufstall sitzen. Schau dir einmal all die wirklich Großen der Geschichte an. Die meisten hatten viele sogenannte «Fehlschläge», bevor sie Erfolg hatten. Sie gaben anderen nicht die Kraft, sie zu verurteilen, und sie hatten keine Angst zu versagen.

Gib dir selbst so viel Unterstützung und Ermutigung, wie du einem Kind gibst, das du gerne hast und das etwas Neues und Unbekanntes macht – wie ein erster Schritt. Du hast genausoviel Anerkennung und Unterstützung bei deinen ersten kreativen Schritten verdient – egal, wie klein sie dir erscheinen mögen.

Ob du tanzen, schreiben, malen oder ein Geschäft aufbauen willst – *was auch immer* –, gib dir zuallererst die Erlaubnis, es zu tun, ohne dich zu beurteilen. Du kannst kein Buch schreiben und es zur gleichen Zeit kritisieren – was oft versucht wird. Schreibe es zuerst – wenn es auch nur ein sehr grober Entwurf ist –, ohne es in irgendeiner Weise zu kritisieren oder zu redigieren. Wenn der erste Entwurf erst mal fertig ist – wenn du die ersten Schritte gemacht hast –, kannst du es redigieren und verändern, indem du deine eigenen Ideen und die anderer verwendest, um es zu verbessern.

Eine 15-Minuten-Übung

Nimm dir 15 Minuten Zeit (oder, wenn dir das zuviel ist, 10 oder 5 Minuten), um deine Kreativität zu erschließen. Entschließe dich einfach nur, diese Zeit damit zu verbringen, etwas Neues und Kreatives zu machen, etwas, wovon du vielleicht immer geträumt hast, es aber irgendwie nie geschafft hast. Setz dich einfach hin und mach das, was dir in den Sinn kommt. Gib dir vollkommene Freiheit, alles zu tun: ein Gedicht schreiben... ein Lied schreiben... singen... etwas spielen... etwas machen... etwas erfinden... dir etwas vorstellen... etwas verändern...

Mach's jetzt! Warte nicht bis morgen. Eine Frau, die zu einem meiner Workshops kam, sagte, sie habe schon *seit Jahren* vor, Gedichte zu schreiben, aber würde es nie schaffen, weil sie sich immer einredete, sie müsse zuerst alles beisammen haben und ihr Leben ordnen, bevor sie Gedichte schreiben könne. Sie hatte es sich versprochen, daß sie anfangen würde zu schreiben, sobald sie das ganze Haus einschließlich der Schränke aufgeräumt hätte, und irgendwie schaffte sie es nie, diese Aufgabe zu bewältigen. In gewisser Hinsicht gehen viele von uns ähnlich mit ihrer kreativen Energie um – sie stellen sich die unsinnigsten Aufgaben, um es noch einmal hinauszuschieben, sich schöpferisch auszudrücken. Die Frau in dem Workshop schaute sich einfach an, was sie da tat, entschied, daß es unnötig sei, mit dem Gedichteschreiben zu warten, bis die Schränke aufgeräumt wären, und legte sich selbst die Verpflichtung auf, ihr erstes Gedicht innerhalb von zwei Tagen zu schreiben. Es funktionierte. Sie wird wohl demnächst ein Buch veröffentlichen. Was wäre gewesen, wenn Shakespeare oder Emily Dickinson gewartet hätten, bis sie ihre Schränke aufgeräumt hätten? Uns würden einige große Werke fehlen.

Ein tantrischer Musiker

Ich lebte eine Weile in einem Häuschen auf dem Gelände eines alten Herrensitzes. Im Wald standen noch vereinzelt mehrere solcher Häuschen. In einem wohnte ein alter Mann, der sich sehr selten zeigte – und ich sah ihn während mehrerer Monate ein- oder zweimal und dachte, er sei so eine Art Einsiedler. Eine Freundin von mir begegnete ihm eines Tages, als er in der Abendsonne bei seinem Häuschen saß. Sie kam ins Gespräch mit ihm und fragte ihn auch, was er denn so mache. Er erzählte ihr, er sei Musiker, und lud sie ein, ihm zuzuhören.

Sie trat in sein Häuschen – es war düster und unordentlich. An einer Wand waren nur Zeitungen gestapelt. Bestimmt zwei Meter hoch. In die Zeitungen hatte er alle möglichen Stöcke gesteckt, und an den Stöcken hingen verschiedene Gegenstände – Töpfe, Deckel, Tassen, lauter Sachen, die einen Ton von sich geben, wenn man draufschlägt. Er nahm zwei Löffel und begann, auf den Gegenständen an der Wand zu spielen. Dann gab er ihr auch Löffel, und sie spielten zusammen. Sie fand es toll! Sie hatte nie zuvor ein Instrument gespielt, jetzt machte sie auf einmal Musik und legte richtig los.

Warum nicht? Es hat manchen Abend gegeben, wo wir in der Küche angefangen haben zu spielen – wir klopften und trommelten auf Töpfen, Pfannen, Herd, Kühlschrank und auf allem, was in der Nähe war…

Wenn du frei bist, dann bist du frei, das zu tun, wozu du Lust hast. Beurteile dich nicht dafür. Tu's einfach und hab Freude daran.

Eine Meditation, um Kreativität zu erschließen

Probiere einmal die folgende schöpferische Meditation aus. Du kannst sie durch deine eigenen Formen schöpferischen Ausdrucks abwandeln.

Sitze oder liege bequem. Schließe die Augen und entspanne dich...

Stell dir vor, daß du ein Kanal für die schöpferische Energie des Universums bist in einer Art und Weise, die dir für dich passend erscheint. Stell dir vor, du bist ein offenes Gefäß, und schöpferische Energie fließt durch dich hindurch.

Stell dir vor, daß du etwas ganz Bestimmtes tust, etwas, was du dir erträumst. Du siehst zum Beispiel, daß das Buch, das du schreiben wolltest, schon fertiggestellt ist, einfach und mühelos. Stell dir vor, wie es aussieht, wenn es gedruckt und gebunden ist. Stell dir vor, daß du es in Händen hältst, bestaunst und sehr zufrieden bist.

Mach eine Phantasiereise und sieh dich selbst als Meister der Kunst, des Handwerks oder des Geschäftes, das du dir wünschst. Sieh dich selbst, wie du das machst, was du machen willst. Sieh, wie andere dich schätzen und deinen schöpferischen Ausdruck in jeder Beziehung unterstützen.

Mach für dich selbst Aussagen wie zum Beispiel:

«Ich bin ein offener Kanal der Kreativität.»

«Ich bin ein offener Kanal für ausgewählte schöpferische Kraft in Hülle und Fülle in vielen Formen.»

«Kreativität kommt zu mir, einfach und mühelos.»

«Ich bin in Verbindung mit meiner Intuition.»

«Ich habe leichten Zugang zu meiner intuitiven Wahrnehmung, sie erschließt mir alle meine schöpferischen Kanäle.»

«____________________

(setze hier dein Vorhaben ein) ist jetzt fertiggestellt, einfach und mühelos.»

«Ich stehe mit dem Meister in Verbindung.»

Erfinde eigene Aussagen.

Mach dann einen tiefen Atemzug und löse dich aus deiner meditativen Entspannung. Nimm dir noch einen Augenblick Zeit, um dich an deiner Schöpfung zu erfreuen und deine schöpferische Energie zu würdigen.

Jede Schöpfung geht von innen aus. Hab Freude an dieser Übung. Fang jetzt damit an, dich an deiner Kreativität zu erfreuen. Das ist sicherlich eine der besten Methoden, sie zu fördern.

Ein guter Rat

Ein guter Freund von mir ist John Donahue. Mit 18 Jahren kam er aus einer kleinen Stadt nach Minneapolis, Minnesota, und leitete eine Spielgruppe für kleine Kinder. Viele rieten ihm, an die Universität zu gehen, um Theater zu studieren, er aber meinte, an der Universität könne man nur lernen, Theater zu *lehren* – und die einzige Möglichkeit, etwas zu lernen sei, es zu *tun*. Er fing an und baute eine kleine Bühne auf in einem schäbigen, verlassenen Feuerwehrhaus in den Slums. Heute ist er Leiter eines riesigen Theaterunternehmens, das in der ganzen Welt bekannt ist.

Er sagte einmal etwas zu mir, das mir in Erinnerung blieb

und sehr nützlich war, um meine Kreativität zu erschließen – und um das Leben im allgemeinen zu genießen. Ich spielte für ihn und hatte Schwierigkeiten mit der Rolle; ich ging zu ihm und machte den Versuch, ihm meine Schwierigkeiten zu erklären. Er schaute mich nur an und sagte: «Hör auf mit dem Quatsch und tu es einfach.»

Nie habe ich diese Worte vergessen. Sie haben mir geholfen, mich von einer Menge psychischem Schrott zu lösen und fadenscheinige Entschuldigungen aufzugeben, die über viele Jahre meiner natürlichen, schöpferischen Ausdruckskraft im Wege gestanden hatten.

Auch du bist ein schöpferisches Wesen. Sei dir dessen bewußt. Akzeptiere es. Freu dich darüber. Es gibt unendliche Möglichkeiten... und du träumst täglich von ihnen.

X Essen und Trinken

«Wenn die Gedanken der Menschen rein sind, dann ist auch ihre Nahrung rein.»

– James Allen
As a Man Thinketh

«Shodoka» heißt ein langes Gedicht aus der chinesischen Tradition des Buddhismus. Es wurde im 8. Jahrhundert nach Christus geschrieben. Ein Vers daraus lautet:

Halte dich nicht länger an Erde, Wasser, Feuer und Wind.
Iß und trink, was du willst, im Zustand des Nirwana
Sind alle Dinge vergänglich und vollständig leer –
Das ist die große Erleuchtung des Buddha.

Die Einführung natürlicher Nahrungsmittel in amerikanische Haushalte, die im vergangenen Jahrzehnt stattgefunden hat, war zum größten Teil gut und wichtig. Die Herzkrankheiten gehen zum Beispiel zurück, seit die Amerikaner mehr vollwertige Kost und weniger Fleisch essen und sich wieder mehr bewegen.

Doch hat unser Interesse für natürliche Ernährung nicht nur gute Seiten – denn es bringt ein Bewußtsein mit sich, das manchen sehr negativ konditioniert und auch zu völligem Fanatismus führen kann. Viele Menschen reden sich und ihren Kindern ein, daß Zucker, weißes Mehl, Salz, Fleisch, Kaffee, Alkohol – und sogar Eier und Milchprodukte – schädlich und giftig seien. Viele Menschen schaffen sich selbst enorme Schuldgefühle, jedesmal wenn sie Eis oder Schokolade essen. Sie erzählen ihren Kindern, daß sie davon Löcher in den Zähnen bekommen und krank werden. Leider erfüllen sich solche Prophezeiungen – wie andere Aussagen positiver und negativer Art –, wenn man sie oft genug wiederholt.

Es ist weitaus wichtiger, was du dir selbst sagst, was du über deine Eßgewohnheiten denkst und äußerst, als was du tatsächlich ißt und trinkst. Es ist sicher richtig, daß sich die Qualität der Nahrung auf deinen Körper auswirkt. Mein Magen fühlt sich gewöhnlich nach einer Schüssel Yoghurt wohler als nach einer Portion Corned Beef aus der Dose. Mein Körper teilt mir ganz deutlich mit, was er will und was er nicht will. Und deiner auch. Vertraue deinem Körper und hör nicht auf deinen Kopf, wenn er dir sagt, daß das, was du ißt, schlecht für dich ist.

Fünf Jahre lang war ich Vegetarier. Es tat meinem Körper sehr gut, und im allgemeinen war ich gesund. Aber ich war unfähig, damit zu leben. Ich konnte den Anblick oder den Geruch von Fleisch nicht ertragen und glaubte, daß jeder, der es aß, offensichtlich auf einer weit niedrigeren Bewußtseinsebene war als ich. Ich war ein Ernährungschauvinist.

Dann begegnete ich einem tibetischen *Lama* – oder Lehrer –, der buchstäblich vor Gesundheit strahlte und der Fleisch liebte, besonders fettes, gebratenes Fleisch, und nie sein Gemüse aufaß. Er lachte über die Nahrungsfetische der Leute. Er lehrte mich vieles und eines war, zu essen und zu genießen, was ich wollte, ohne dabei neurotisch zu werden.

Jetzt esse und trinke ich, was ich will, wenn ich es wirklich will. Ich warte, bis ich genügend Hunger habe, und dann esse ich genau das, was mein Körper verlangt – nicht was mein Kopf will oder was mein Mund will, sondern was mein ganzer Körper will. Ich habe wahrscheinlich einen anderen Rhythmus als du, aber ich neige dazu, bis ziemlich spät am Tag zu warten und dann eine ordentliche Mahlzeit zu mir zu nehmen. Morgens trinke ich Kaffee und Orangensaft, und abends trinke ich oft Bier. Und ich versichere mir, daß all das meinem Körper sehr gut tut.

Ein tantrisches Experiment

Zu einer Zeit, als ich viel meditierte und versuchte, ohne feste Beziehung zu leben, entwickelte ich eine außerordentliche Vorliebe für weißen Zucker. Jeden Nachmittag ging ich in meine Lieblingskonditorei und bestellte mir jede Menge süßer Sachen. Ich freute mich immer schon sehr darauf und genoß es ungeheuerlich. Und doch ging ich mit dem Gefühl, nicht erfüllt zu sein – daran merkte ich, daß etwas nicht stimmte. Es war nicht der Zucker, nach dem ich mich sehnte, es war etwas anderes – Liebe und Zuneigung. Aber mein Zuckerfetisch hielt sich hartnäckig, bis ich eine Menge Zeit damit verbrachte und von meinem Weg abkam, um meine Zuckersucht zu befriedigen.

Ich beschloß, etwas zu unternehmen, und zog einige Möglichkeiten in Betracht von strikter Entsagung bis zum Überfressen. Dann beschloß ich, ein tantrisches Experiment zu machen. Ich ging in meine Lieblingskonditorei und bestellte mir *vier* große süße Teilchen und eine Tasse Kaffee. Ich aß sie alle und bestellte noch drei weitere und noch eine Tasse Kaffee. Die Frau hinter der Theke hielt mich für total verrückt. Einerseits hatte sie recht, aber mein Wahnsinn hatte eine Methode. Ich begann mit der zweiten Runde, als mein Körper plötzlich zu schreien anfing (innerlich, zu mir – nicht äußerlich, glücklicherweise): «Halt! Genug! Du bist ja verrückt!» – also hörte ich auf und ging mit einem ekelhaften Völlegefühl von all dem Zucker und Kaffee.

Am nächsten Tag hatte ich überhaupt kein Verlangen nach irgendwelchen Süßigkeiten. Tatsächlich habe ich seitdem sehr wenig Zucker gegessen. Indem ich mitten in das Gift hineingesprungen bin, habe ich dieses neurotische Verhalten abgelegt. Ich lehne Zucker nicht ab – weder für mich noch für andere. Ich kann welchen essen, ich kann es aber auch lassen. Aber ich habe kein Verlangen mehr danach.

Du bist nicht, was du ißt

Wenn wir das Essen so ernst nehmen und zueinander sagen: «Du bist, was du ißt», versagen wir uns nicht nur einigen Genuß, sondern wir leugnen auch die unglaubliche Kraft und die natürlichen Reinigungs- und Heilungskräfte unseres Körpers. Wir sind weit mehr, als wir essen. Wir sind Wesen mit Körpern, die sich selbst heilen; wir sind Wesen mit Empfindungen, die uns intuitiv leiten und uns sagen, was wir tun müssen; wir sind Wesen, die mit den schöpferischen Kräften des Geistes unsere Körper erschaffen und Lebenserfahrung machen; und wir sind spirituelle Wesen, wir sind alle auf den tiefsten Ebenen unseres Seins mit dem ganzen Universum verbunden. Wir sind weit mehr, als wir essen.

Padma Sambhava – der große Mystiker, der den Buddhismus nach Tibet brachte – trank mehrere Male in seinem Leben Gift in hohen Mengen. Es wirkte nicht bei ihm – er begriff, daß der Geist mächtiger ist als der Körper und daß wir nur vergiftet werden können, wenn wir uns vergiften lassen. Wenn sein Körper große Mengen Gift vertragen konnte, kann dein Körper bestimmt das vertragen, was du ihm gibst – wenn du nicht gerade sehr unmäßig bist und wenn du nicht überhörst, was dein Körper dir über seine Bedürfnisse mitteilt.

Ich will damit nicht sagen, daß du diese Denkweise – die tantrische Perspektive – als Ausrede benutzen kannst, um deinen Körper in irgendeiner Weise zu mißbrauchen. Wenn du nicht gesund bist, sendet dein Körper dir Botschaften, teilt dir mit, was du essen und trinken sollst, um wieder gesund zu werden; wenn du Übergewicht hast, mußt du weniger essen und/oder dich viel mehr bewegen.

Liebe deinen Körper, hab Vertrauen in ihm und gib ihm, was er braucht. Dann wird er dir gute Dienste erweisen.

Eine Meditation

Entspanne, mach ein paar tiefe Atemzüge, schließe die Augen…

Sieh und spüre die strahlende Gesundheit deines Körpers. Spüre, wie die Lebensenergie durch dich strömt, dich reinigt und heilt.

Mach folgende Aussage:

«Mein Körper ist vollkommen gesund.»

«Mein Körper ist vollkommen rein und gesund.»

«Ich bin immer mit meinem Körper im Einklang und esse genau das, was am besten für mich ist.»

«Alles, was ich esse, ist gut für mich.»

So soll es sein – so ist es!

XI Meditation und Yoga

Verwandlung findet hier und jetzt statt –
sie geschieht in diesem Augenblick,
weder in der Vergangenheit noch in der Zukunft

Meditation und Yoga sind ausgezeichnet für dich – körperlich, seelisch, geistig und spirituell –, aber wie alles andere auch können sie zu suchtartigem und anderem neurotischen Verhalten führen. Mach dir keine Vorwürfe, weil du nicht meditierst oder zuwenig meditierst oder weil du eine Yogasitzung versäumt hast. Sonst benützt du nämlich ein gutes Werkzeug für einen schlechten Zweck.

Nach vielen Jahren Erfahrung sind mir die Vor- und Nachteile von Meditation und Yoga ziemlich vertraut. Viele der Übungen eignen sich ausgezeichnet für den westlichen Menschen. Manche aber schaffen noch mehr Neurosen, als sie beseitigen.

Die Vorteile

Körperlich kannst du durch Meditation und Yoga geheilt und gestärkt werden. Ich bin überzeugt, daß regelmäßige körperliche Yogaübungen dazu beitragen können, hohe Arzt- und Krankenhausrechnungen zu vermeiden. Meditation bringt dich in Verbindung mit deinem Körper und läßt dich empfindsam für seine Spannungen, seine Energie und seinen Gesundheitszustand werden. Und außerdem können körperliche Formen des Yoga viele körperliche Probleme, die du hast, beheben oder ihnen vorbeugen.

Tatsächlich reinigt und heilt eine einfache, stille Meditation nach einer gewissen Zeit deinen Körper. Zum erstenmal hörte ich das von einem alten Zenmeister namens Katsuki Sekida (Autor des schönen Buches *Zen Training*). Er sagte, daß es viele Menschen noch nicht glaubten, aber er war davon überzeugt. Ich glaube es, weil meine Erfahrungen es bestätigen.

Seelisch haben Meditation und Yoga eine wunderbare Wirkung. Sie beruhigen das Gemüt, ohne etwas zu unterdrücken. Gewöhnlich fühlt man sich wohl, nachdem man meditiert hat und/oder Yoga gemacht hat. Selbst in Zeiten größten seelischen Aufruhrs kann dir die Verankerung in Meditation und Yogaübungen einen gesunden Abstand zu deinen Gefühlen verschaffen, so daß dir alles leichter und unwichtiger erscheint und du es nicht mehr so ernst nimmst.

Und was noch wichtiger ist, Meditation kann dich auf eine Art und Weise deinen Gefühlen näher bringen, die sehr klärend und letztendlich sogar erleuchtend ist – durch Meditation kannst du zu der Erkenntnis kommen, daß deine Gefühle ein sehr wichtiger Teil deiner Erfahrung sind, etwas, das man annehmen sollte und von dem man eine Menge über sich selbst lernen kann. Denn durch unsere Empfindungen gelangen wir zu intuitivem Verstehen –

Quelle unseres Wissens, unserer Kraft und unserer Erleuchtung.

Geistig wirken sich Meditation und Yoga auch sehr positiv aus. Sie können schwierige Probleme oder Entscheidungen klären. Sie zügeln den rationalen Verstand: wenn du immer wieder an etwas arbeitest ohne befriedigende Lösung, bringt dir eine einfache, stille Meditation Abstand von deinen Denkprozessen und eine klarere Sicht. Oftmals taucht ohne jegliche Anstrengung eine einfache Lösung auf.

Meditation hilft dir, damit aufzuhören, dich so vollständig mit deinen Gedanken, deinen Gefühlen und deinem Körper zu identifizieren. Du erkennst, daß du mehr bist als all diese Dinge – denn diese Dinge verändern sich laufend. Ein roter Faden zieht sich durch dein ganzes Wesen. Aus Mangel an besseren Worten können wir es spirituelle Natur oder göttliches Wesen nennen.

Spirituell haben Meditation und Yoga die beste Wirkung, denn sie können dir die tiefe Erkenntnis bringen, wer du wirklich bist. In Wirklichkeit bist du eins mit allem, Bestandteil des Universums. Auf der spirituellen Ebene des Verstehens – der höchsten Erkenntnisebene – gibt es keinen Unterschied zwischen den Dingen, denn im Grunde ist alles aus demselben Stoff, aus reiner Energie. Du bist eins mit einem Grashalm, einem Baum, einem Stern. Du bist die Lebensenergie des Universums. Du wirst immer von dieser Energie genährt... du wirst ewig wiedergeboren.

Die Nachteile

Die Nachteile von Meditation und Yoga lassen sich in einer einfachen Faustregel zusammenfassen, die man auf jede psychologische und spirituelle Theorie und Praxis anwenden kann:

Behebt sie Neurosen, ist sie gut für dich. Schafft sie mehr Neurosen, als sie behebt, dann laß sie gehen. Du solltest zu etwas anderem übergehen.

Die großartigsten Lehren dieser Welt, wie zum Beispiel die großen wissenschaftlichen Entdeckungen, kann man umsichtig anwenden, man kann sie aber auch mißbrauchen. Es liegt an dir herauszufinden, ob die Übungen, die du machst, Probleme lösen oder schaffen. Hab keine Angst, neue Erfahrungen zu machen, wenn dein Herz dir sagt, daß du dich weiterentwickeln kannst, wenn du etwas anderes ausprobierst.

Meditation

Meditation kann viele Formen annehmen, von der vollkommen passiven Meditation der Stille – wo du einfach nur sitzt oder liegst und alle Gedanken gehen läßt, bis du möglicherweise einen Zustand gänzlicher, wortloser, wunderbarer Stille erreichst – bis zu aktiven Formen wie Visualisations- und Aussageübungen, die auch in diesem Buch vorgeschlagen werden.

Nimm dir Zeit für eine Meditation... Übungen der Stille... Entspannungsübungen, die Streß vermindern... magische Meditation... schöpferische Visualisation... wie du es nennen willst... was immer du tun willst.

Langsam... laß dir Zeit... und finde auf deine Weise zu deiner inneren Wahrheit... zu deiner unendlichen Intelligenz.

Wenn wir uns jetzt die Zeit nehmen, es richtig zu machen, werden wir in diesem Augenblick eine Verbindung herstellen, die wir zu jeder Zeit mühelos wieder abrufen können...

Verwandlung findet hier und jetzt statt. Sie geschieht in diesem Augenblick. Weder in der Vergangenheit noch in der Zukunft.

Stille

Sitze eine Weile still da...

Es kann für dich zu einer einzigartigen Erfahrung werden – etwas, das du durch Worte niemals erfahren kannst. Zwei Minuten, eine halbe Stunde oder eine Stunde – so lange du willst.

Sitze oder liege sehr bequem. Entspanne Körper und Geist, indem du ganz bewußt jegliche Spannung gehen läßt, die du im Körper/Geist wahrnimmst. Sitze dann einfach still da. Tauchen Gedanken auf, laß sie gehen. Sei ohne Erwartungen. Sei einfach still.

Bei dieser Art von Meditation macht jeder sehr unterschiedliche Erfahrungen. Zu manchen Zeiten plötzliche Einsichten, die über Worte hinausgehen... tiefe Erfahrungen... Erleben der Energie, die durch dich fließt. Zu manchen Zeiten finden sich ganz einfache Lösungen für schwierige Probleme.

Ein andermal scheint überhaupt nichts zu geschehen... Und Monate oder sogar Jahre später wird dir dann klar, was dir dieser Augenblick, den du in Stille verbracht hast, gegeben hat.

Es gibt viele verschiedene Wege, um zu innerer Ruhe zu gelangen:

Ein Zen-Weg:

Sitze, ohne etwas zu tun, und finde deinen Weg.

Ein tibetischer Weg:

Finde die Stille zwischen deinen Gedanken und verharre eine Weile in dieser Stille.

Ein tibetischer Lehrer sagte immer: «Schau zwischen deine Gedanken ... was ist zwischen deinen Gedanken?»

Ein traditioneller buddhistischer Weg:

Wenn du einen Gedanken hast, sage dir: «Das war ein Gedanke», und laß ihn gehen. Beurteile ihn nicht, weise ihn nicht zurück, verweile nicht bei ihm, laß ihn einfach gehen und kehre zu deiner Meditation zurück.

Zuerst hast du vielleicht das Gefühl, daß du von einer Unmenge von Gedanken überflutet wirst ... Mach aber weiter, dann wirst du bald belohnt werden mit dem Erlebnis der Stille ... der Erfüllung ... oder der Entdeckung. Du kannst auch die gänzliche Vollkommenheit deiner selbst und jeden Augenblicks deines Lebens erfahren.

Warum es also nicht versuchen? Es ist vielleicht lohnender als fernzusehen.

Die aktiven Meditationsformen

Jetzt möchte ich etwas über die aktiveren Meditationsformen berichten, zu denen auch die Visualisation gehört, und die bei mir sehr wirkungsvoll waren. Ärgere dich nicht, wenn du etwas nicht deutlich «visualisieren» kannst. Stelle es dir einfach nur vor, spüre es und richte deine Aufmerksamkeit darauf. Auch wenn dein inneres Bild so schimmert, so hell ist, daß es kaum vorhanden ist, sogar dann hat es große Kraft. Die verschwommensten Bilder können dir im Gedächtnis bleiben, im Unterbewußtsein, mit derselben Bedeutung wie die klarste Vision.

Im tiefsten Sinne «visualisierst» du im Geiste, in deiner Vorstellung immer.

Diese aktiven Meditationsformen haben das Wesen wahrer Magie, denn sie können, wenn man sie immer wieder anwendet, unsere schöpferische Kraft in einer Weise ausrichten, daß sie die Macht unseres Unterbewußtseins tiefgehend beeinflußt. Und hat unser Unterbewußtsein erst einmal die Anweisung bekommen, etwas zu erschaffen, dann will und kann es das auch – denn unser Unterbewußtsein verbindet uns mit den Kräften der Schöpfung. Wir alle sind schöpferische Wesen. Und wir können haben, was wir uns wirklich wünschen, wenn wir diese Prinzipien begreifen und sie immer wieder anwenden.

Ich möchte dich wirklich dringend bitten, einige der folgenden Meditationen auszuprobieren und ihre Wirkung zu erfahren. Wenn du nichts machst, dann mach wenigstens die «schöpferische Meditation». Du wirst sehen, daß sie dir überraschende Ergebnisse bringt.

Die ersten Meditationen werden dich darauf vorbereiten, dein Wohlergehen und deine Lebenskraft zu steigern.

Lichtsäule

Das ist eine 15-Minuten-Übung, die Körper und Geist darauf vorbereitet, über alle eingebildeten Begrenzungen hinauszugehen:

Sitze bequem... entspanne... (Immer wenn du in diesem Text mehrere Punkte liest, halte inne... und laß dir Zeit, es aufzunehmen.) Schließe die Augen, mach einige tiefe Atemzüge und entspanne noch tiefer... Genieße dieses Gefühl – es tut sehr gut, sich tief zu entspannen... Stell dir jetzt vor, daß deine Wirbelsäule eine schöne, schimmernde, blaue Energiesäule ist... Energie fließt hinauf und hinunter, leuchtend und heilend... löst alle Spannungen...

Die Säule ist nach unten offen – am Ende deiner Wirbelsäule (oder an deinen Fußsohlen, wenn du liegst). Durch diese Öffnung fließt die Energie tief in die Erde... und die Erde schickt Energie aus den Tiefen durch diese Öffnung – direkt vom Mittelpunkt der Erde... Spüre, wie diese Energie durch dich hindurchfließt, dich «erdet»... Bist du einmal geerdet, kannst du so hoch hinaufsteigen, wie du willst, und du brauchst dich vor nichts mehr zu fürchten...

Die Säule ist auch nach oben offen... Sie öffnet sich ins Universum – unsere Verbindung mit dem Kosmos...

Da ist eine schimmernde, hohe, elektrische Energie, die wir tatsächlich spüren und die wir, wenn wir wollen, durch unsere Wirbelsäule fließen lassen können und oben wieder hinaus...

Stimm dich ein... ganz sanft... eine warme, schimmernde Lichtenergie unter der Schädeldecke... das «Kronenchakra»... Verbindung mit der unendlichen Intelligenz...

Wir sind ein Mikrokosmos – eins mit dem Makrokosmos.

Wir sind Kinder der Erde und Kinder des Lichts.

Spüre, wie eine heilende Energie durch deinen Körper fließt…

Spüre, wenn du einatmest, wie die Energie die offene Wirbelsäule hochsteigt… spüre, wie sie nach oben steigt und sich mit der Energie des Universums vereint…

Spüre, wenn du ausatmest, wie sie auf dich herabfällt, ein wunderbarer goldener Lebensquell… spüre, wie er durch dich hindurch und wieder zurück in die Erde fließt… dich reinigt, mit Licht erfüllt und alle Hindernisse beseitigt…

Wiederhole dies mehrere Male und stell dir vor, daß, wenn du einatmest, eine lebendige, heilende, leuchtende, spirituelle Feinenergie die Wirbelsäule hochsteigt, bis hinauf durch deinen Kopf…

Stell dir vor, daß diese Energie, wenn du ausatmest, deinen ganzen Körper benetzt in einem Lichtquell…

Und wenn du einatmest, sammelt sich das Licht unter dir und steigt wieder durch dich auf… wenn du ausatmest, rieselt es wieder auf dich herab, in einer Pyramide goldenen, heilenden Lichts.

Dieses Licht ist ein Geschenk für dich von deinem höheren Selbst.

Entspanne dich… genieße es… laß dich davon bescheinen. Es heilt und klärt dein ganzes Wesen. Und du kannst mit deiner Vorstellungskraft diese Lichtenergie jedem schicken, jedem, der Heilung oder Segen benötigt. Erhebe einfach deine Hände, die Handflächen nach außen, und visualisiere, daß du jemandem diese heilende Energie schickst, die durch dich hindurchfließt. Sieh, wie er darin eintaucht… spüre, wie er dadurch geheilt wird… sieh ihn vollkommen gesund.

Atme am Ende deiner Meditation tief durch. Genieße Frieden und Gelassenheit deines entspannten Körpers.

Dein Körper ist eine Lichtsäule.

Energiezentren öffnen

Meditation ist ganz einfach – wie du siehst, wenn du einige dieser Übungen gemacht hast. Das Schwierigste an der Meditation ist, daß sie so einfach ist. Die meisten Menschen neigen zu dem Gedanken, daß es schwieriger sein müßte oder mehr Anstrengung erfordern müßte... und deshalb glauben sie nicht, daß sie es richtig machen und geben es wieder auf.

Aktive Meditation beinhaltet eine sehr feine Energie, die von der Vorstellungskraft geleitet wird. Arbeite nicht zu hart daran – spiele damit und hab Spaß daran.

Hier ist noch eine andere Meditation, die auf einer einfachen Tatsache aufgebaut ist, welche viele Menschen nicht wahrnehmen. Wenn mehr Menschen sie verstünden, hätte sie eine enorme Auswirkung auf die Welt, denn sie ist ein direkter Weg zu persönlicher Freiheit.

Wir haben die Kraft in uns – in unserem Geist, in unserer Vorstellung –, jedes Energiezentrum in unserem Körper zu erschließen. Unser Körper hat viele verschiedene Energiezentren (*Chakra* ist der Begriff dafür aus dem Sanskrit), und bei den meisten Menschen sind eines oder mehrere irgendwie blockiert, so daß die Energie nicht wirklich frei durch das ganze Wesen fließen kann. Die meisten Menschen neigen dazu, ihre Energie auf ein oder zwei Zentren zu konzentrieren, einfach aus Gewohnheit und früherer Konditionierung.

In der indischen Tradition gibt es sieben Hauptchakras und mehrere Nebenchakras. In der westlichen Tradition (wie zum Beispiel der Kabbala) werden fünf Hauptenergiezentren beschrieben. Es ist nicht wirklich wichtig, wie du sie letztendlich aufgliederst. Ich glaube, westliche und östliche Lehren haben dieselben Wurzeln.

Jedes *Chakra* ist ein körperliches und seelisches Energiezentrum; jedes entspricht einer wichtigen Hormondrüse im Körper. Es lohnt sich wirklich, sich die Zeit zu nehmen, jedes genau zu erforschen – es ist sehr wahrscheinlich, daß du einige bis jetzt nicht beachtet hast oder daß dort eine Spannung herrscht, die zu körperlichen und seelischen Problemen führen kann, wenn sie nicht gelöst wird.

Mach einmal folgende Meditation:

Sitze bequem am besten mit gerader Wirbelsäule. Oder liege ganz flach, wenn dir das lieber ist. Mache es dir ganz bequem und entspanne…

Stell dir vor, daß über deinem Kopf ein Licht ist, das deinen Kopf berührt – eine leuchtende, glühende Kugel spiritueller Lichtenergie. Stell dir vor, daß dieses Licht den ganzen Bereich deiner Schädeldecke entspannt, beruhigt und heilt… Atme mehrere Male tief in diesen Bereich… Spüre, wie der Atem öffnet, reinigt, befreit und die Energie frei zirkulieren läßt.

Spüre, wie das Licht jetzt in dein Gehirn fließt… Schau mit geschlossenen Augen in das strahlende Licht zwischen deinen Brauen, in dein «drittes Auge»… Stell dir vor, daß eine leuchtende, glühende Kugel spiritueller Energie deinen ganzen Kopf ausfüllt und nach außen strahlt… Stell dir vor, daß dieses Licht den ganzen Bereich entspannt, beruhigt und heilt… Atme mehrere Male tief in deinen Kopf… Spüre, wie der Atem öffnet, reinigt und die Energie frei zirkulieren läßt.

Spüre, wie das Licht jetzt wieder tiefer geht und sich in deiner Kehle sammelt... Stell dir eine leuchtende, glühende Kugel spiritueller Energie vor, die nach außen strahlt... Stell dir vor, daß dieses Licht den ganzen Bereich der Kehle entspannt, beruhigt und heilt... Atme mehrere Male tief in diesen Bereich... Spüre, wie der Atem öffnet, reinigt und die Energie frei zirkulieren läßt...

Spüre, wie das Licht jetzt wieder tiefer geht und sich in deinem Herzen sammelt... Stell dir eine leuchtende, glühende Kugel spiritueller Energie vor, die aus deinem Herzen heraus strahlt... Stell dir vor, daß dieses Licht den ganzen Herzbereich und die Lungen entspannt, beruhigt und heilt... Atme mehrere Male tief in diesen Bereich... Spüre, wie der Atem öffnet, reinigt und die Energie frei zirkulieren läßt... Öffne dein Herz!

Spüre, wie das Licht jetzt wieder tiefer geht und sich im Solarplexus und im Bauch sammelt... Stell dir eine leuchtende, glühende Kugel spiritueller Energie vor, die aus dem Solarplexus und dem Bauch heraus strahlt... Stell dir vor, daß dieses Licht den gesamten Bereich des Solarplexus und des Bauches einschließlich der inneren Organe, die sich dort befinden, entspannt, beruhigt und heilt... Spüre, wie der Atem öffnet, reinigt und die Energie frei zirkulieren läßt...

Spüre, wie das Licht jetzt wieder tiefer geht und sich in deinen Geschlechtsorganen sammelt... Stell dir eine leuchtende, glühende Kugel spiritueller Energie vor, die durch diesen ganzen Bereich strahlt... Stell dir vor, daß dieses Licht die Geschlechtsorgane entspannt, beruhigt und heilt... Atme mehrere Male tief in diesen Bereich... Spüre, wie der Atem öffnet, reinigt und die Energie frei zirkulieren läßt...

Spüre, wie das Licht jetzt wieder tiefer geht und sich am untersten Ende der Wirbelsäule (wenn du sitzt) oder in den Füßen (wenn du liegst) sammelt. Stell dir eine leuchtende, glühende Kugel spiritueller Energie vor, die durch den gesamten Bereich strahlt... Stell dir vor, daß dieses Licht den gesamten Bereich entspannt, beruhigt und heilt... Spüre, wie der Atem öffnet, reinigt und die Energie frei zirkulieren läßt...

Spüre, wie jetzt das Licht durch alle Energiezentren strahlt und fließt... Spüre die Kraft des Lichts... Werde dir bewußt, daß dieses Licht jedes Zentrum, das erschöpft oder blockiert ist, aufladen kann... Und nimm dir jetzt die Zeit, deine Energiezentren wieder aufzuladen...

Erforsche, ob du in irgendeinem Bereich Spannungen spürst. Wenn dies der Fall ist, schicke das Licht dorthin und atme hinein. Wenn du willst, kannst du dir dabei sagen: «Ich lockere mich... Ich entspanne mich... Ich lasse jegliche Spannung und alle Blockierungen gehen...»

Konzentriere das Licht auf jeden gewünschten Bereich... Atme hinein, solange du möchtest... Öffne alle Energiezentren!

Hast du erst einmal damit begonnen, diese Energiezentren zu erfahren, kannst du lernen, die Energie zu lenken, wohin du willst. Du bist nicht länger auf die Gnade übermächtiger Kräfte angewiesen, ob du sie nun als äußerlich oder innerlich empfindest. Du bist Herr deiner selbst – du kannst entscheiden, worauf du deine Energie richten willst. Du kannst den Kurs des Schicksals bewußt steuern. Unbewußt tust du es schon, also kannst du es genausogut bewußt tun.

Schöpferische Meditationen

Jetzt bist du sicherlich für die schöpferischen Meditationen bereit. Die Wirksamkeit schöpferischer Meditation veranschaulicht die Tatsache, daß jedes Bild oder jeder Glaube, der in unserem Unterbewußtsein vorhanden ist, sich für uns in der Welt manifestieren wird. Wenn wir uns zum Beispiel immer wieder sagen, daß wir Löcher in den Zähnen bekommen, wenn wir weißen Zucker essen, dann bekommen wir auch Löcher. Wenn wir uns einreden, daß wir etwas nicht können, dann werden wir auch nicht fähig sein, es zu tun. Und wenn wir uns sagen, daß es uns gelingt, unsere Träume zu verwirklichen, dann gelingt es uns auch.

Unser Körper und unser Leben sind das Ergebnis der Konditionierung, die wir auf tiefen, unterbewußten Ebenen akzeptiert haben. Es ist nicht schwierig, auf unsere unterbewußten Gedankenabläufe einzuwirken und sie sogar tiefgreifend zu verändern. Man benötigt dazu nur die Kraft immer wieder angewandter Aussagen und Visualisationen.

Gibt es etwas in deinem Leben, was du ändern möchtest, etwas, womit du unzufrieden bist, dann mach einmal eine schöpferische Meditation wie die folgende. Mache es drei Wochen lang – dann hast du Aussicht auf Erfolg. Das, was du dir wünschst, erfordert vielleicht konzentriertes Handeln in der Welt – zusätzlich zu deiner Meditation –, sehr wenige Menschen haben zum Beispiel Reichtümer erworben, indem sie nur ruhig sitzenblieben, es visualisierten und sonst nichts taten. Doch wenn du diese Art schöpferischer Meditation machst, wirst du Führung von deinem eigenen intuitiven Meister erhalten – Anleitungen, die dir genau sagen, was notwendig ist, um das zu erreichen, was du dir wünschst.

Mache folgende Meditation – und bleibe offen für die Einfälle und Anregungen, die du daraufhin bekommst.

Mach's dir bequem... Entspanne... Mach einen tiefen Atemzug und sage dir beim Ausatmen: «Mein Körper entspannt sich jetzt.» Mach einen weiteren tiefen Atemzug und sage dir beim Ausatmen: «Mein Geist ist jetzt entspannt.» Mach noch einen tiefen Atemzug und sage dir beim Ausatmen: «Ich lasse alles gehen.»

Visualisiere, stell dir genau vor, was du dir erschaffen willst... Sieh und spür dich, wie du es tust, bist oder hast, so klar und detailliert wie möglich. Spüre, wie alle Hindernisse sich auflösen.

Erfinde Aussagen, die deinem Unterbewußtsein mitteilen, daß du es verdient hast und daß du es hast, hier und jetzt. Genieße für eine Weile, es zu haben. Bedanke dich dafür.

Beende die Meditation, indem du dir selbst sagt: «Dies oder etwas Besseres wird sich jetzt zum Besten aller Beteiligten manifestieren, auf vollkommen zufriedenstellende und harmonische Art und Weise. So soll es sein. So ist es.»

Mach diese Meditation so oft, daß du sie den ganzen Tag über bei dir trägst. Gib immer wieder deine Energie hinein. Zuerst wirst du vielleicht einfach eine Veränderung *spüren*, ohne in der äußeren Welt etwas wahrzunehmen. Dann hast du vielleicht einen Einfall, denkst daran, etwas zu tun, mit jemandem Verbindung aufzunehmen, was auch immer. Und schon bald, mit Hilfe wiederholter Visualisation – lange genug wiederholt, damit das Unterbewußtsein es aufnehmen und sich vorbereiten kann –, werden sich glückliche Umstände für dich ergeben, und du wirst erreichen, was dein Herz begehrt hat.

Ich bin auf jeden Fall nicht der erste, der das sagt. Viele Lehrer und Schriftsteller aus aller Welt sagen schon seit Jahrhunderten: «Bitte, und du wirst es erhalten.»

Eine Meditation über unsere drei Körper

Das ist eine Meditation, die viele tiefe Wahrheiten beinhaltet – wenn du Ohren hast, um zu hören, und Augen, um zu sehen...

Viele Traditionen, aus dem Osten und aus dem Westen – wie zum Beispiel Buddhismus und Kabbala – lehren, daß wir *drei* Körper besitzen, nicht nur einen, wie es uns auf der rein physischen Ebene erscheint. Das folgende stimmt in vielem mit der Beschreibung des Schöpfungsprozesses (in Kapitel III) überein.

Der erste Körper ist der physische Körper – der Körper, den wir mit unseren fünf äußeren, physischen Sinnen sehen, spüren und berühren können. Das ist die physische Ebene (im tibetischen Buddhismus *Nirmana Kaya* genannt):

> *Sitze, entspanne dich und stimme dich auf deinen physischen Körper ein... Verfolge deinen Atem, deinen Herzschlag... Erkenne, wie dein Körper ohne Mühe für sich selbst sorgt, immer heilend und erneuernd. Es gibt nichts, was wir an unserem physischen Körper ablehnen sollten. Er ist ein Wunderwerk der Schöpfung.*

Der zweite Körper ist sehr leicht und schillernd – ein Körper, geschaffen von unseren Gedanken und Gefühlen, ob bewußt oder unbewußt. In den westlichen Traditionen wird er oft Astralleib genannt (und *Sambhoga Kaya* im Buddhismus):

> *Sitze, entspanne dich und stimme dich auf deinen Astralkörper ein... Der Astralleib ist der Körper, den wir mit den feineren, inneren Sinnen unserer Vorstellungskraft, unserer inneren Vision und anderen intuitiven Sinnen, wie zum Beispiel den Gefühlen, erschaf-*

fen... Es ist der Körper, den wir für uns selbst mit dem geistigen Auge erschaffen können – er ist es, der uns befähigt, all das, was wir uns wünschen, in unserer Vorstellung zu erschaffen...

Es ist auf dieser Ebene der Vorstellungskraft und inneren Schau, wo Magie stattfindet... wo die Dinge, die wir uns wünschen, Form annehmen... Auf der astralen Ebene ist es, wo Schöpfung stattfindet – bevor sich etwas auf physischer Ebene manifestiert, muß es erst auf astraler Ebene erschaffen werden...

Spiele wie ein Kind mit deinem Astralleib. Reise in Gedanken, wohin du willst. Schaffe dir jede Lebensweise, die du dir wünschst. Gib dir vollkommene Freiheit.

Stell dir vor, daß du rundum gesund, stark und schön bist. Stell dir vor, daß du genau das machst, wovon du immer träumst. Schaffe im Geist mit einem entspannten Körper alles, was dein Herz begehrt...

Beachte, wie du dich am Ende deiner Astralreise fühlst. Die astrale Ebene ist weit mehr als «pure Einbildung», welche keine Auswirkung auf die physische Welt hat. Es ist schöpferische Vorstellungskraft, denn sie erschafft buchstäblich die Formen auf einer subtilen Ebene, und diese manifestieren sich mit der Zeit, wenn wir ausdauernd sind, auf der physischen Ebene.

Du brauchst dir auch keine Sorgen zu machen, wie sich die Dinge, die du auf der astralen Ebene erschaffst, manifestieren. Mach dir nur immer wieder ein Bild von dem, was du dir wünschst, behalte das Endergebnis im Sinn. Bald werden sich dir die Möglichkeiten, mit denen du dies erreichen kannst, auftun – vielleicht in einem Traum, beim Aufwachen, in einem Augenblick der Einsicht oder in einem Tagtraum. Dann werden dir die einzelnen Schritte klar. Um etwas zu erreichen, muß man einfach nur einen Schritt nach dem anderen tun: ein Telefonanruf, eine Verabredung, eine Seite schreiben, eine Broschüre entwerfen usw. Visualisiere immer wieder dein Ziel und vertraue darauf, daß dich deine Intuition zu diesem Ziel führt.

Der dritte Körper ist der höchste und wunderbarste von allen: er enthält alles, er verbindet uns mit dem gesamten Universum, der allumfassende Körper «jenseits von Worten» (im tibetischen Buddhismus *Dharma Kaya* – der «Körper der Wahrheit» – genannt).

Sitze und entspanne dich tief... Laß alles gehen... Sei still... Stimme dich auf deine Ganzheit ein, die Teil des Universums ist und sich nicht von ihm unterscheidet... Konzentriere dich auf deine höchste spirituelle Natur... Sie ist der Ursprung der Schöpfung...

Such dir aus den folgenden Worten die aus, die bei dir den meisten Widerhall erzeugen, und sitze mit ihnen in Stille:

Ich bin die letzte Wahrheit jenseits aller relativen Wahrheiten, jenseits aller Worte...

Ich bin die Absolute Wirklichkeit...

Ich bin das Bewußtsein Christi...

Ich bin ein Buddha...

Ich bin schimmernde Leere... das schöpferische Vakuum... die immer leere und doch volle Saat der Schöpfung...

Ich bin, was ist...

Ich bin Teil der atomaren Einheit jeder Schöpfung...

Ich bin das Jenseits...

Ich bin der Ursprung...

Ich bin Ewigkeit...

Ich bin das himmlische Königreich...

Ich bin mein eigenes wahres Wesen...

Ich bin mein höchstes Selbst...

Ich bin reine Glückseligkeit...

Ich bin Eins und Alles...

Laß dir Zeit, um aus dieser tiefen Meditation zurückzukehren. Sitze einfach eine Weile in Stille, hege und pflege deine drei wunderbaren Körper.

Sei bei dir

Wenn du bei der letzten Übung nicht ganz mitgekommen sein solltest, machen wir jetzt etwas ganz Einfaches – es ist wirklich ein Kinderspiel. Eine sehr wirkungsvolle Form schöpferischer Meditation ist, sich einfach den Einfällen, Phantasien und Impulsen zu öffnen, die dir kommen, wenn du allein bist – ob du nun gerade läufst, sitzt, spielst oder auch etwas anderes machst...

Nimm dir Zeit, um bei dir zu sein. Nimm dir Zeit, einfach dazusitzen und nichts zu tun...

Über Abraham Lincoln gibt es eine Geschichte, die ich als Kind hörte und nie wieder vergaß:

Als Abe und seine Brüder noch junge Burschen waren, sollten sie einmal alle Holz für einen Zaun rund um ihr Land spalten. Abe ging aber weiterhin im Wald spazieren, saß da und tat nichts – ganz in Gedanken versunken.

Schließlich beschwerten sich Abes Brüder beim Vater, daß Abe zu keiner Arbeit zu bewegen sei. Abes Vater muß wohl ein weiser Mann gewesen sein, denn er sagte zu ihnen: «Laßt ihn in Ruhe... manchmal braucht ein Mensch Zeit zum Nachdenken.»

Nimm dir einfach ab und zu die Zeit, ruhiger zu werden und zu entspannen. Setze dich zu einer Pflanze, unter einen Baum… Leg dich hin, schau den Wolken nach, wie du es als Kind immer gemacht hast…

Beobachte den Lauf eines Flusses… Schau einer Blume zu, wie sie wächst… dann siehst du dein Leben dahinfließen… du siehst dich selbst wachsen… und du siehst das Leben… und du erweckst dein intuitives Verstehen…

Schau in den klaren Nachthimmel hinauf
Wenn du eine Milliarde Lichtjahre weit
sehen kannst

Dann kannst du
Unendlichkeit erkennen
jenseits des Lächelns und der Tränen

Die Tore schließen

Das ist eine Übung, die eine tiefe Wirkung haben kann, wenn du es zuläßt. Sie heißt «Die Tore schließen»:

Sitze bequem mit gerader Wirbelsäule. Entspanne. Schließe die Augen, mache in rhythmischen Abständen mehrere Atemzüge und entspanne dich mit jedem Atemzug mehr. Führe dann die Hände zum Gesicht, die Handflächen zu dir gerichtet.

Lege den linken Daumen aufs linke Ohr und den rechten Daumen aufs rechte Ohr, um so Geräusche möglichst gut abzuhalten. Lege die Zeigefinger auf die Augenlider, um so Licht von außen möglichst gut abzuhalten. Nimm dann einen tiefen Atemzug und verschließe die Nasenlöcher mit den Mittelfingern. Lege dann noch Ringfinger und kleine Finger auf den Mund.

Du hast jetzt «die Tore geschlossen». Sitze in Stille und sei achtsam. Wenn du atmen mußt, nimm die Finger, die die Nase zuhalten, weg und atme, während du mit den andern Fingern die Tore geschlossen hältst.

Für gewöhnlich versuche ich, die Ergebnisse einer Übung nicht zu genau zu beschreiben, da jeder andere Erfahrungen macht. Bei dieser Übung hatte ich aber so eine bemerkenswerte Erfahrung, die ich schon in einem früheren Buch, «Chrysalis», versucht habe, in Worte zu fassen: «Die Wirkung war wunderbar. Ich tauchte in einen weiten ‹inneren Raum› – so weit wie der Ozean. Plötzlich gab es ganz neue Welten zu entdecken... Welten, von denen ich geträumt hatte, als ich noch ein Kind war, die ich aber vergessen hatte... verzauberte Welten... geistige Welten, vom Geist im Nu geschaffen.»

Mantra

Sitze still und bequem. Suche dir einen Satz, ein *Mantra* oder eine Aussage aus, auf die du dich konzentrierst und die du wiederholst. Wiederhole sie mit Gefühl, bis du sie *erlebst*.

Ein *Mantra* ist ein Chant (Sprechgesang), ein wiederholt gesprochenes Wort oder mehrere Wörter. Es gibt einfache und komplizierte Mantras, manche sind in Sanskrit, manche in Englisch oder in anderen Sprachen. Suche dir die aus, zu denen du ein gutes Gefühl hast. Hier einige Beispiele:

Om Mani Padme Hum

(oder auf deutsch):

Heil dem Juwel reiner Freude
Im Lotus des Bewußtseins!

Wir wissen, wer wir sind, wir sind eins

Sri Ram, Jai Ram, Jai Jai Rama

OM

Friede sei mit dir

Das himmlische Königreich liegt im Innern

Om namo Shivaya

Möge lange Zeit die Sonne auf uns scheinen
Alle Liebe um uns
Und das reine Licht in uns
Uns nach Hause führen

Ich bin frei... ich bin stark
Das Licht Gottes umgibt uns
Die Liebe Gottes öffnet uns
Die Kraft Gottes fließt durch uns
Wo auch immer ich bin, ist Gott, und alles ist gut.

Der letzte Chant ist ein Schutzgebet, das besonders für Zeiten geeignet ist, in denen du dich ängstlich oder verwundbar fühlst.

Yoga und Tantra

Dieses ganze Buch handelt von *Yoga* – Yoga für den Westen. Es gibt unzählige Bücher über Yoga – denn das ist ein sehr umfangreiches Gebiet und entwickelt sich laufend weiter.

Es gibt in der östlichen Tradition einige Tantralehrer, die das Tantra vom Yoga trennen und behaupten, es gäbe den Pfad des Tantra und den Pfad des Yoga, und beide seien sich genau entgegengesetzt. Für mein Verständnis oder meine Erfahrung stimmt das aber nicht. Tantra ist eine Form des Yoga, ist ein Lebensstil, der alle Arten von Yoga miteinschließt. – Tantra ist der Yoga eines jeden Augenblicks deines Lebens. Die Praxis des Tantra ist der Yoga jener, die zu einer weiteren Definition von Yoga und Tantra bereit sind, als sie allgemein üblich ist.

Yoga in der weitesten und tiefsten Bedeutung seiner Wortwurzel bedeutet «Vereinigung», was dieselbe Bedeutung hat wie «Religion», nämlich «Wiedervereinigung». Die Praxis des Yoga führt dich letztendlich zu tiefer Wahrnehmung deiner Einheit mit dem Universum, Einheit mit deinem höchsten Selbst und höchsten Ziel. Die Wortwurzel von Tantra bedeutet «weben» – denn *Tantra* ist der Stoff des Lebens, das Gewebe unseres gesamten Lebens, die Erfahrung jedes Augenblicks.

Die höchsten Ebenen des Bewußtseins können «Yoga» und «Tantra» zusammen erfassen – denn sie schließen sich nicht gegenseitig aus. «Tantrayoga» ist ein schneller und kraftvoller Weg: es ist das *Bewußtsein, das dazu führt, in jedem Augenblick des Lebens höchsten Ausdruck zu finden, nichts zurückzuweisen.* Tantra lernen wir in jedem Augenblick. Und in jedem Augenblick machen wir Yoga, im weitesten Sinn des Wortes.

Und doch ist es zu manchen Zeiten sehr nützlich und der Gesundheit zuträglich, bestimmte Yogaübungen zu machen. Ich möchte einige Formen beschreiben, die für mich besonders gut waren – traditionelle und andere.

Hatha Yoga

Hatha Yoga, das sind eine Reihe traditioneller Körperübungen, die die meisten Menschen mit dem Wort «Yoga» verbinden. Viele Lehrer beziehen auch *Pranayama,* Atemübungen und Meditation in das Erlernen des Hatha Yoga mit ein. In fast jeder größeren Stadt gibt es einige gute Lehrer des Hatha Yoga. Und es gibt viele gute Bücher und Kassetten zu diesem Thema.

Die besten Hathayogaübungen sind einfach und gut für Körper und Geist. Eine der besten Kassetten, die ich kenne, ist «Yoga with Chi-uh». Ich kann Hatha Yoga sehr empfehlen. Es wirkt sofort: es stärkt, heilt und beruhigt. Aber mach dir bloß keine Vorwürfe, wenn du deine Yogaübungen nicht machst.

Kum Nye

Die Tibeter lehren eine sehr wirkungsvolle Form des Körperyoga, *Kum Nye* oder «Körperentspannung» genannt. Zur Zeit verwenden viele Therapie- und Heilweisen im Westen ähnliche Körperübungen.

Du kannst es allein machen, ohne Hilfe, oder auch mit anderen zusammen.

Entspanne erst einmal... mache einige tiefe Atemzüge... und beginne dann, deinen Körper zu drücken, zu reiben und genau zu untersuchen (oder den Körper deines Partners)... Wenn du willst, kannst du am Kopf und Hals beginnen und von dort nach unten gehen. Oder du fängst an einer sehr sensiblen Stelle an.

Erkunde den Körper sanft und doch sicher... Suche nach Spannungen – besonders in der Magengegend, unter den Rippen, an Nacken, Schulter und Brust… Findest du eine angespannte Stelle, geh hinein, massiere sie intensiv… Sende eine warme, tiefe, liebevolle und heilende Schwingung dorthin… stell dir vor, daß es sich löst und entspannt… tue alles, was du körperlich tun kannst, um die Spannung zu lösen… vielleicht möchtest du Töne von dir geben oder dich in einer bestimmten Weise bewegen… Laß Atem, Ton und Bewegung diese Spannung lösen… Visualisiere, wie sie sich auflöst und laß sie gehen.

Entspanne dich und atme ruhig.

Manchmal – besonders im Nacken- und Schulterbereich, an den Füßen und entlang der Unterschenkelknochen – kannst du die Spannung als Verhärtung oder Knoten spüren. Es ist vielleicht geballte Energie, die blockiert ist. Indem du tief in diese Knoten greifst und dir vorstellst, daß sie sich lösen, wenn du tief ausatmest, kannst du manchmal gleich spüren, wie sie sich auflösen, du spürst ein Nachlassen, ein Leichterwerden der Spannung, die du mit dir herumträgst.

Eine schönes Gefühl ist es, die Ohrläppchen von oben nach unten mit Daumen und Zeigefinger zu massieren. Das ist sehr entspannend; und auch gut geeignet, um Kindern beim Einschlafen zu helfen.

Mache die ganze Übung, und du *wirst* deine Spannung lösen, denn es liegt in unserer Macht, jede unnötige Spannung im Körper zu beseitigen. Denn auch unsere Spannung ist leer, wie alles andere auch. Sie ist reine Energie, reines Licht, wie alles andere…

Freistilyoga

Für diese Übung – es ist keine traditionelle Yogaübung – benötigst du nur wenig Zeit. Sie ist einfach und heilend, sowohl körperlich als auch seelisch. Versuche es einmal.

Stehe oder liege und konzentriere deine Aufmerksamkeit auf deine Gefühle... du spürst sie nicht im Kopf, sondern im Bauch. Mach ein oder zwei Atemzüge und geh in deine Gefühle hinein... Fang an zu atmen, dich zu bewegen, schnell oder langsam, je nachdem, wie du dich fühlst.

Folge deinen Gefühlen... Denk überhaupt nicht darüber nach, was du tust. Sobald du merkst, daß du darüber nachdenkst, laß dich wieder in deine Gefühle fallen und bewege dich so, wie es dir guttut.

Jede Art von Bewegung – einschließlich der Ruhe – ist erlaubt und erwünscht... Tu das, wozu du die Energie hast.

Mach es ein oder zwei Minuten oder eine Stunde – so lange es eben dauert. Tu es zur Lockerung, Entspannung, um deinen Körper zu dehnen... gähnen, ruhig daliegen, tanzen... hüpfen, fliegen, sich langsam dehnen... vielleicht kreischen oder schreien oder den Körper kräftig durchschütteln... Übungen machen, Yoga machen, tun, was dein Körper tun will...

Gewähre dir die Zeit, um diese Übung zu machen. Es ist eine sehr wirkungsvolle Meditationsart und Yogaform. Es bringt dich zu deinen Gefühlen und aus deinem Kopf... in deinen intuitiven Körper/Geist und aus deinem rationalen Verstand... Und es übt, heilt, löst Spannungen und öffnet, um mehr Energie aus dem reichen Universum zu erhalten.

Es gibt unzählige Wege

Es gibt für alles eine Zeit...

Eine Zeit für Strenge... eine Zeit, die Strenge gehen zu lassen.

Eine Zeit zum Lesen, eine Zeit, um nicht zu lesen.

Eine Zeit, um Workshops, Meditationen und Gruppentreffen mitzumachen... und eine Zeit, um es nicht zu tun.

Eine Zeit, einen Lehrer zu haben... und eine Zeit, dein eigener Herr zu sein.

Eine Zeit, Fragen zu stellen, und eine Zeit, keine zu stellen...

Eine Zeit des Vertrauens... eine Zeit des Zweifels...

Eine Zeit, um etwas zu tun, was dich weiterbringt, etwas Spirituelles, Künstlerisches, Wissenschaftliches oder Geschäftliches, und eine Zeit, all dies nicht zu tun...

Es gibt unzählige Wege... Jeder hat seinen Weg – endlose Variationen zum gleichen Thema, endlose Weiterentwicklung durch Weisheit und Mitgefühl, zu Freiheit und Vollkommenheit.

XII Älter werden und heilen

Wir haben die Kraft, uns
selbst zu erneuern, wenn wir nur
die Macht unserer eigenen
schöpferischen Vorstellungskraft erkennen

Wir leben in einer Kultur, die die Jugend verehrt und den Wert des Alters vergessen hat. Jung und vital zu sein ist etwas Wunderbares, man sollte sich darüber freuen und es genießen. Und doch gibt es keinen Grund, sich gegen das Älterwerden zu wehren. Altern ist Teil eines großen natürlichen Ablaufs, und jeder Schritt dieses Prozesses besitzt eigene Schönheit und Vollendung.

Eine jugendliche Beobachtung

Als ich etwa Fünfzehn war, ging mein Vater auf die Fünfzig zu. Eines Tages kamen zwei Freunde von ihm zu Besuch. Sie waren zusammen auf die Oberschule gegangen und hatten alle das gleiche biologische Alter. Aber als ich sie mir alle drei zusammen anschaute, machte mich etwas stutzig – und ich wußte auch, daß es etwas Wichtiges war, aber ich wußte damals nicht warum. Erst Jahre später kam ich dahinter.

Einer der Freunde meines Vaters schaute sehr alt aus, wie ein Siebzigjähriger, kahl, kurzatmig, langsam und steif. Der andere sah sehr jung aus, wie ein Dreißigjähriger, gesund, stark, voller jugendlicher Energie. Mein Vater sah so alt aus, wie er war – irgendwo zwischen den beiden.

Mir fällt ein, daß ich mich oft gefragt habe, wie es möglich ist, daß zwei gleichaltrige Männer so unterschiedlich alt aussehen. Der eine hätte der Vater des anderen sein können! Damals ergab es für mich keinen Sinn – weil ich annahm, daß das Älterwerden ein Prozeß ist, der für jeden irgendwie im gleichen Maße auftritt. Doch diese beiden Männer alterten offensichtlich auf unterschiedliche Weise. Einer war alt, der andere war jung. Einige Monate später erzählte mir mein Vater, daß der Altaussehende gestorben sei. Das überraschte mich überhaupt nicht. Zwanzig Jahre ist das jetzt her. Der jungaussehende Mann, jetzt Ende Sechzig, sieht immer noch jung aus, arbeitet noch und ist aktiv, schöpferisch und gesund.

Der Alterungsprozeß

Mehrere Faktoren bestimmen unseren Alterungsprozeß und stehen in direkter Beziehung zu körperlichen, seelischen und geistigen Abläufen.

Auf körperlicher Ebene beeinflussen sicherlich unsere Eß- und Bewegungsgewohnheiten den Alterungsprozeß. Ich bin sicher kein Vollkostfanatiker, aber ich weiß doch, daß, wenn ein Mensch seinem Körper zuviel Nahrung, zuviel Alkohol und zuwenig Bewegung zukommen läßt, sein Körper immer träger wird und Schwierigkeiten macht.

Seelische und geistige Abläufe beeinflussen das Altern anscheinend sogar mehr als körperliche Abläufe, denn wir geben dem Körper andauernd Handlungsanweisungen mit unserem Verstand und unseren Gefühlen. Diese «Anweisungen» betreffen oft die «unterbewußten» Ebenen. In Wirklichkeit ist nichts in unserem Verstand und unseren Gefühlen «unterbewußt», denn alles, was wir tun müssen, ist, das Licht unserer inneren Wahrnehmung auf das zu richten, was wir fühlen und was wir uns selbst sagen, und die sogenannten unterbewußten Muster tauchen auf. Wenn wir uns auf tiefen Ebenen sagen, daß wir jung, stark und gesund sind, werden wir jung, stark und gesund bleiben. Wenn wir uns aber einreden, wir seien schwach, anfällig für Krankheiten, dick oder was auch immer, werden wir weiterhin dies für uns erschaffen.

Stell dir vor, daß du schlank bist

Viele Menschen können kaum begreifen, wie das funktioniert. Nehmen wir als Beispiel jemanden, der an Übergewicht leidet. Stell dir vor, du bist 1,65 m groß und wiegst 135 Kilo. Du hast so viel Fett am Leib, daß es dir schwerfällt, dich zu bewegen. Warum bist du so fett? Viele glauben, es liegt an einer Hormonstörung, was richtig ist – aber diese Hormonstörung ist eine *Auswirkung* von etwas Tieferliegendem und nicht der wirkliche Grund.

Zu einem Großteil beruht der wirkliche Grund auf der

Nahrungsmenge, die du zu dir nimmst: du ißt mehr, als du vollkommen verarbeiten kannst. Und doch gibt es viele Dicke, die weniger essen als Dünne. Wie kommt das? Viele Leute behaupten, es liegt am Stoffwechsel – manche haben einen trägen Stoffwechsel, der sie mit Fettablagerungen belastet. Das ist schon richtig, aber es ist wieder nicht der wirkliche Grund deines Dickseins. Warum ist dein Stoffwechsel so träge, wenn er bei anderen besser ist?

Sicherlich beeinflußt auch körperliche Aktivität den Stoffwechsel. Eine Möglichkeit abzunehmen ist, sich mehr zu bewegen. Aber es gibt noch einen tieferen Grund fürs Dicksein: das, *was du dir selbst* immer wieder auf tiefen Ebenen *einredest,* bestimmt, wieviel Gewicht du behältst. Wenn du dir immer wieder sagst: «Ich bin dick» oder «Das macht mich dick», wird dein Körper sich nach diesen Anweisungen richten und genau den dicken Körper schaffen, den du fürchtest und dir doch selbst vorgibst.

Wenn du dir aber am Morgen und während des ganzen Tages sagst, daß du schlank und gesund bist, dann wird dein Körper bald auf diese Anweisung reagieren, und du wirst an Gewicht verlieren.

Nehmen wir an, du wiegst 135 Kilo oder gar 180 Kilo. Natürlich hast du dir gesagt, daß du dick bist. Wenn du dir jetzt sagst, daß du schlank bist, egal wie lächerlich oder irrational es dir vorkommen mag, dann bist du schon auf dem besten Weg, einige Veränderungen zu bewirken. Die ersten Veränderungen werden kaum spürbar sein. Wenn du dir jetzt sagst, daß du schlank bist (auch wenn du es gar nicht bist!), bekommst du eine ganz andere Einstellung dazu. Du wirst viel leichter abnehmen, und du wirst dich leichter fühlen, auch wenn die Waage immer noch unter dir zusammenbricht. Wenn du dir weiterhin über mehrere Wochen hinweg den ganzen Tag sagst: «Ich bin schlank und schön», besonders dann, wenn du dich dabei ertappst, wie du dir etwas anderes sagst, dann wird sich dein Körper deinen Gedanken angleichen, wie er es immer tut. Es wird eine Weile dauern, aber allmählich wirst du dir vorstellen können, daß du schlank bist. Oder schön. Oder jünger. Oder was du dir auch immer wünschst.

Warum nicht? Du hast ein Recht darauf! Es ist sicherlich einen Versuch wert... und leichter als viele Diäten.

Wenn diese Aussagen bei dir nicht funktionieren, hast du vielleicht tieferliegende seelische Gründe, warum du dick sein willst oder mußt, die du herausfinden und mit denen du dich auseinandersetzen mußt. Zum Beispiel behält mancher sein Übergewicht als psychischen Schutz oder um sich selbst zu bestrafen oder aus Furcht, zu schön zu sein, zu begehrenswert oder zu kraftvoll. Sobald du dich mehr mit deinen tieferen Gefühlen beschäftigst und sie auszudrücken lernst, fängt dein Gewicht an, sich aufzulösen, so wie sich deine seelischen Blocks auflösen.

Eine Übung

Betrachte deinen Körper jetzt in diesem Augenblick einmal klar und nüchtern. Ist er dick? Häßlich? Alt? Jung? Träge? Beweglich? Schlapp? Straff?

Beschreibe deinen Körper. Erkenne dann, daß dein Körper das konkrete physische Ergebnis von Jahren geistiger und seelischer Konditionierung ist, die du dir selbst gegeben hast... oder die du von jemandem angenommen hast, ohne sie zu hinterfragen oder abzulehnen.

Stelle einige Aussagen zusammen, die geistig und seelisch den Körpertyp erschaffen, den du dir wünschst. Mache diese Aussagen für dich, kraftvoll und nachdrücklich – auch wenn dein Verstand sagt, das sei lächerlich und falsch.

Immer wenn du auf diesen inneren Widerstand triffst, überwinde ihn mit einer weiteren positiven Aussage.

Diese Art von Aussagen fällt manchem schwer, weil er meint, er belügt sich selbst. Das ist schon richtig – aber du lügst aus gutem Grund, und es hat eine gute Wirkung. Um uns etwas zu erschaffen, müssen wir es uns zuerst geistig und seelisch vorstellen können, müssen wir im Innern die Wirklichkeit *erfahren,* die wir als nächstes erschaffen wollen. Unsere Aussagen entwerfen die Pläne für unsere zukünftige Entwicklung.

Schaffe dir einen jungen und schönen Körper

Ich kannte einmal eine Frau mittleren Alters, deren Gestalt und Haut aber einem jungen Mädchen glich. Ich fragte sie nach ihrem Geheimnis, und sie gab mir zur Antwort: «Das liegt in der Familie. Meine Mutter und meine Schwester haben beide eine ganz glatte Haut.» Weil sie sich das ihr ganzes Leben lang gesagt hatte, anstatt sich Sorgen darüber zu machen, daß die Spannkraft ihrer Haut nachließe (und so Energie für das verwendet hätte, was sie eben fürchtete), hatte sie sich einen jungen, schönen Körper geschaffen.

Es gibt Techniken, um sich einen gesunden und schönen Körper zu schaffen. Allein schon mit Aussagen wirst du es erreichen – mache dir selbst welche. Hier findest du aber auch noch andere Techniken – zuerst die Kurzfassung, dann die ausführlichere:

Kurzfassung:

Sitze oder liege in einer bequemen Stellung. Mache einige Atemzüge und entspanne Körper, Geist und dein gesamtes Wesen... Stell dir dann einfach vor, daß ein Lichtkörper dich umhüllt – stell dir deinen Idealkörper vor, stark, jung und schön, so wie du ihn gerne hättest... stell dir vor, daß du diesen Körper anziehst, daß du mit ihm verschmilzt und eins wirst. Stell dir vor, daß dein physischer Körper sich diesem neugeschaffenen Lichtkörper angleicht, so daß dein physischer Körper sich tatsächlich verändert, kräftiger und schöner wird.

Richte das Licht deines geistigen Auges auf jede Zone deines Körpers, wo du dir eine Veränderung wünschst. Stell dir den Körper vor, den du dir wünschst, und sei dir bewußt, daß du dabei bist, ihn dir auch physisch zu erschaffen.

Suche dir ein oder zwei Aussagen aus, um die Übung zu beenden. Vielleicht: «Ich bin jung und stark» oder «Mein Körper wird täglich jünger, stärker und schöner.»

Steh auf, streck dich und fühle dich jünger, stärker und schöner.

Ausführlichere Fassung:

Beginne mit der Übung, die auf S. 135 f beschrieben wird – «Energiezentren öffnen». Schicke Licht durch den ganzen Körper, erwecke jedes Energiezentrum in dir... Stell dir vor, daß dein Körper ein leuchtender, vibrierender Lichtkörper ist... Stell dir vor, er ist elastisch und formbar.

Schicke von deinem geistigen Auge aus Energie durch den ganzen Körper. Fang bei den Füßen an und stell dir vor, daß die Energie auf der linken Seite zum Kopf hochsteigt, dann auf der rechten Seite zu deinen Füßen fließt, und wieder hinaufsteigt... Wiederhole das einige Male... Laß dann die Energie von den Füßen aus den Rücken hochsteigen zum Kopf und wieder zurück zu den Füßen fließen... Wiederhole auch das einige Male, stell dir vor, daß die Lichtenergie den ganzen Körper reinigt, erfrischt und wieder neu aufbaut...

Laß dann Energie von den Füßen aus durch die Wirbelsäule bis hinauf in den Kopf steigen... Laß sie über deinen ganzen Körper rieseln, bade in einer Quelle goldener Lichtenergie... Sammle die Energie dann wieder in den Füßen und laß sie erneut die Wirbelsäule hochsteigen... Wiederhole dies einige Male und stell dir vor, daß du im Lebenselixier, im Jungbrunnen badest...

Du hast mit der Kraft deiner geistigen Energie das gesamte körperlich/seelisch/geistig/spirituelle System erweckt. Jetzt kannst du diese Energie in jeden Teil des Körpers leiten und ihn heilen, verjüngen und erneuern. Spüre, wie die Energie neue Muskeln bildet, deine Haut glättet, Spannung löst... Spüre, wie die Energie genau den Körper erschafft, den du dir wünschst.

Schaffe dir im Geiste einen jungen, schönen Körper. Die physische Form wird dann bald folgen.

Lehne jedoch in der Zwischenzeit deine momentane körperliche Verfassung nicht ab. Liebe und achte deinen Körper, den du hast, die Anlagen, die du bekommen hast. Jeder von uns trägt in jedem Augenblick Vollkommenheit in sich: das ist eine Lehre des Tantra.

Eine Gesichtsübung

Die obigen Übungen können auch speziell für das Gesicht angewandt werden. Dein Gesicht wird entspannter, schöner, lebendiger, lichterfüllt.

> *Entspanne, schließe die Augen... Spüre die Energie in deinem Körper... spüre sie im Gesicht... Benütze diese Energie für eine Gesichtsmassage – du kannst sie dir selbst geben mit den Händen, du kannst sie dir von einem Freund geben lassen oder du kannst sie dir einfach geistig geben... Wie du es machst, spielt keine Rolle. Halte dir nur wirklich vor Augen, daß die Spannung sich löst... stell dir vor, wie Falten sich glätten, auflösen... stell dir vor, daß deine Gesichtszüge schöner werden... visualisiere Lichtenergie in deinen Augen... visualisiere eine junge, frische Gesichtsfarbe... Visualisiere dein Idealgesicht...erschaffe es... erfreue dich daran... liebe es!*

Wenn du diese Übung wiederholst, wirst du bald Veränderungen feststellen – zuerst fast unmerkliche, später offensichtliche. Wir haben die Kraft, uns selbst zu erneuern, wenn wir nur die Macht unserer eigenen schöpferischen Vorstellungskraft erkennen.

Die Grundregeln des Heilens

Heilen kann sich auf jeder der vier Seinsebenen abspielen. Heilen ist ein gänzlich organischer, natürlicher Prozeß. Unser Körper heilt, reinigt, läutert und stärkt sich selbst andauernd. Unser Körper ist so aufgebaut, daß er einfach, mühelos und ohne Schmerzen arbeitet. Schmerz ist für uns eine Botschaft, daß etwas nicht in Ordnung ist.

Es gibt keine «unheilbaren» Krankheiten. Unser Körper heilt sich stets selbst, wenn wir den Heilungsprozeß nicht blockieren oder uns die Krankheit auf einer tieferen Ebene wünschen, weil uns daraus ein Vorteil erwächst – Zuneigung, Aufmerksamkeit, Liebe, aus einer unangenehmen Situation herauszukommen oder was auch immer. Dein Körper ist dafür gebaut, vollkommen gesund zu sein. Wenn dem nicht so ist, dann konzentriere dich auf eine oder mehrere der folgenden Ebenen:

Körperliche Ebene:

Nimm dir Zeit, deinen Körper zu entspannen. Laß die natürlichen Heilprozesse des Körpers wirken und mische dich sowenig wie möglich ein. Wenn der betroffene Körperteil zu kalt ist, wärme ihn; ist er zu warm, kühle ihn; ist er zu trocken, befeuchte ihn; ist er zu feucht, trockne ihn. Aber entspanne dich im wesentlichen einfach nur, nimm einfache, reine Nahrung zu dir und laß deinem Körper Zeit, sich selbst zu heilen.

Seelische Ebene:

Sträube dich nicht gegen das Kranksein – akzeptiere es. Dein Körper muß sich erholen, also gib ihm Zeit, sich zu entspannen. Akzeptiere alle Gefühle... teile sie einem guten Freund mit.

Stelle dir ganz ehrlich und auch wiederholt, wenn es nötig ist, die Frage, was deinem Empfinden nach diese Krankheit verursacht. Hast du dich über etwas geärgert? Ist dir die Arbeit über den Kopf gewachsen, und hast du eine Pause gebraucht? Hattest du das Gefühl, daß du dich anderen nicht mitteilen kannst? Dir zu erlauben, deinen Gefühlen freien Lauf zu lassen, kann oft schon die Krankheit an der Wurzel beseitigen.

Geistige Ebene:

Was ist nach deiner Meinung wirklich der Grund deiner Krankheit? Tief in dir steckt schon die Antwort. Was ist der wirkliche Grund hinter den Symptomen? Dein Geist weiß es. Stell dir vor, du bist stark und gesund.

Spirituelle Ebene:

Es gibt keine Krankheit. Du bist ein vollkommenes Wesen. Steh auf, bewege dich und sei stark und gesund. Dein Glaube hat dich geheilt.

Entwickle dich weiter

Es gibt keinen Grund, *alt* zu werden – entwickle dich weiter und höre nie auf damit... Wir sind dazu bestimmt, unseren Horizont endlos zu erweitern, stärker und klarer zu werden, bewußter und kraftvoller mit jedem Jahr, das vergeht. Sage dir, daß es so sein soll, und es wird so sein!

XIII Politik

Wir haben Macht, wenn wir sie ergreifen

In den letzten Jahrzehnten konnte man eine große Veränderung im amerikanischen Massenbewußtsein feststellen. Eine höhere Bewußtseinsebene hat sich entwickelt, die neue Wege findet, um auf der Welt zu leben und mit anderen in Beziehung zu treten. Dieses Erwachen kommt zu einer günstigen Zeit, denn das Denken, das in Verwaltung, Politik und Geschäftswelt immer noch vorherrscht, hat riesige Dinosaurier geschaffen, die schnell aussterben werden.

Die Kultur als Ganzes gesehen, an der Spitze die fortschrittlichsten Denker und Schaffenden, entdeckt wieder ihr eigenes unmittelbares Wesen, das durch die rationale «wissenschaftliche» Machtübernahme der westlichen Kultur im Laufe der letzten Jahrhunderte erstickt und meist sogar unkenntlich gemacht wurde. Wir lernen wieder, das Rationale mit dem Intuitiven in Einklang zu bringen. Wissenschaft und Politik dürfen das Intuitive, Seelische, Gefühlsmäßige und Spirituelle nicht weiterhin außer acht lassen.

Als dieses intuitive Denken wieder im Bewußtsein eines Großteils der Bevölkerung auftauchte, schien eine große Spaltung zwischen dem Intuitiven und dem Rationalen, zwischen «Spiritualität» und «Politik» oder «Wissenschaft» zu bestehen. Die kindliche Intuition konnte neben den ungeheuren Kräften von Politik und Wissenschaft nicht bestehen, und so mußte sie sich von ihnen trennen und allein überleben.

Dieses intuitive Gewahrsein hat jetzt ausreichende Kraft, um es mit jeder Macht, die unser Leben und unser Schicksal prägt, aufzunehmen, so daß das neue Zeitalter, das jetzt anbricht, eine einzigartige Verschmelzung von Intuition und Wissenschaft, von Spiritualität und Politik erleben wird. In Wirklichkeit ist es gar nicht so einzigartig: Mahatma Gandhi hat schon vor vielen Jahren Spiritualität und Politik erfolgreich vereint – und Gandhi wiederum war von Emerson und Thoreau beeinflußt, zwei äußerst progressiven amerikanischen Schriftstellern.

Diese Spaltung ist nun vorbei. Wir brauchen Spiritualität und Politik nicht länger zu trennen. Wir brauchen nicht länger bestimmte Handlungsebenen zu umgehen, um unser neues Bewußtsein zu schützen. Die ganze Welt ist ein Spielplatz und ein Laboratorium für das große Experiment Leben. Wir können in allen Lebensbereichen tätig sein.

Deine persönliche Macht

Als schöpferische, freie Individuen haben wir eine ganze Menge persönlicher Macht, die wir spirituell und politisch und auch auf allen anderen Gebieten ausüben können. Die letzten Jahrzehnte haben uns gezeigt, daß Individuen wirklich politische Macht haben, wenn sie die richtigen Mittel gefunden haben, um diese Kraft zum Ausdruck zu bringen.

Daniel Ellsberg sagte neulich im Fernsehen, daß Nixon, als er Präsident war, einen Plan gehabt hätte – man nennt ihn bezeichnenderweise das «Madman project» (Vorhaben eines Wahnsinnigen) –, um den Vietnamkrieg auf dieselbe Weise wie den Koreakrieg zu beenden: durch Androhung eines Nuklearangriffs, der weitaus verheerendere Folgen gehabt hätte als Hiroshima. Den Nordvietnamesen wurde ein Ultimatum gestellt mit dem drohenden Nuklearangriff im Hintergrund. Aber anders als Nordkorea nahm Nordvietnam das Ultimatum nicht an. Und Nixon war, wie Ellsberg berichtet, wirklich bereit, das «Madman project» in die Tat umzusetzen und uns in einen Atomkrieg zu führen. Glücklicherweise fanden zu dieser Zeit eine Menge von Anti-Kriegs-Demonstrationen statt, wo Hunderttausende durch Washington D. C., San Francisco und andere Städte zogen. Nixon erkannte, daß er von seiten des amerikanischen Volkes keine Unterstützung bekommen würde und wagte es nicht, seinen Plan auszuführen.

Das amerikanische Volk hatte tatsächlich einen Atomkrieg verhindert – jene, die Demonstrationen organisiert hatten, die, die daran teilgenommen hatten, und jene, die sich auf andere Weise dazu geäußert hatten. Wir haben Macht, wenn wir sie ergreifen. Es gibt viele verschiedene schöpferische Kanäle, durch die wir dieser Macht Ausdruck verleihen können. Aber wir müssen einiges grundlegend verändern, wenn wir uns eine Umgebung schaffen wollen, in der es sich lohnt zu leben.

Die tiefe Bedeutung des Karma

Es gibt ein Wort, das im Mittelpunkt der großen Weisheit steht, die viele östliche Länder jetzt dem Westen anbieten: das Wort heißt in Sanskrit *Karma*, und es beinhaltet Gedanken, die der Westen erst jetzt zu verstehen beginnt. Wir müssen es verstehen und leben, wenn wir uns weiterentwickeln und gesunden wollen und uns nicht dem Verfall ausliefern wollen...

Das Gesetz des Karma ist das Gesetz von Ursache und Wirkung: *Für jede Aktion, die wir in die Welt einbringen, bekommen wir eine gleichwertige und passende Reaktion.* Das Gesetz des Karma erklärt, warum ein Dieb geschnappt wird, warum ein böser Mensch in einer bösen Welt lebt und warum ein freundlicher Mensch in einer freundlichen Welt lebt... Wir ernten, was wir gesät haben.

Karma wirkt im Leben jedes einzelnen, und es wirkt für die ganze menschliche Rasse auf diesem Planeten. Der Westen hat der ganzen Welt eine Menge Schwierigkeiten gebracht, dadurch daß er sich des Karmagesetzes überhaupt nicht bewußt war, obwohl doch dieses Gesetz auch der Kern der Lehren der erleuchteten Meister des Westens ist:

> *«Liebet einander»... «Verhalte dich anderen gegenüber so, wie sie sich dir gegenüber verhalten sollen»... «Was du säst, das wirst du auch ernten.»*

Besonders wir, die weiße Rasse, haben einige schwerwiegende karmische Fehler begangen, zum Beispiel wie wir jede andere Rasse behandelt haben. Kein Wunder, daß wir in der ganzen Welt Enttäuschung und Wut erzeugt haben. Wir müssen alle einige Grundverhaltensweisen ändern. Wir müssen *alle* – jede Rasse, jede Gruppe – um klare, persönliche Führung bitten, um das Verständnis, das uns die richtigen Mittel zeigen wird, mit denen wir, in der Gemeinschaft und als einzelne, unsere vergangenen Fehler überwinden können.

Wir müssen alle lernen, zu verzeihen und andere zu akzeptieren.

Wir müssen aufhören, gegeneinander zu kämpfen.

Wir müssen aufhören, auf Kosten anderer zu leben.

Wir müssen dafür sorgen, daß zu unseren Lebzeiten Rassismus, Hungersnot, Armut und Ausbeutung auf der Erde beseitigt werden. Das kann geschehen, indem wir unsere schöpferischen Vorstellungskräfte auf diese Bereiche richten.

Wir müssen uns an die Lehren des größten Meisters erinnern, der den Westen je beeinflußt hat und der Karma wirklich verstanden, gelehrt und gelebt hat.

Wir müssen jetzt mit diesen Veränderungen auf einer inneren, persönlichen Ebene beginnen. Und schon bald werden immer mehr äußere Formen entstehen, die diese Veränderungen unterstützen. Einige sind schon entstanden, Umweltschutzgruppen wie Greenpeace und Freunde der Erde, die Anti-Atomkraftbewegung, die Welthungerhilfe und zahllose andere. Als einzelne und in der Gemeinschaft können wir vieles tun. Unsere innere Führung wird uns am besten leiten.

Wir leben in aufregenden Zeiten, Zeiten der Veränderung und Weiterentwicklung. Einige Menschen gehen diesen Veränderungen begeistert entgegen. Andere werden sich, wie Dinosaurier, den Zeichen notwendiger Veränderung widersetzen, bis sie fallen und aus mangelnder Anpassungsfähigkeit zugrunde gehen. Es hängt alles von deinem Karma ab – von dem, was du getan hast und von dem, was du heute und morgen tust.

New Age-Politik

Keiner von uns lebt in einem leeren Raum. Alles, was wir tun, wirkt sich auf andere aus. Es ist an der Zeit, eine Politik zu machen, die die Interessen aller Menschen erkennt und in Einklang bringt. Politik und Geschäftsformen der alten Zeit haben ausgedient – sie sterben an mangelndem Vorstellungsvermögen und Anpassungsfähigkeit. Mit Politik und Geschäft der alten Zeit meine ich jene Handlungsweisen, die Situationen hervorbringen, wo einer den anderen ausnutzt, wo einige sich übermäßig auf Kosten anderer bereichern, wo eine «Gewinn-Verlust»-Beziehung besteht. Im schlimmsten Falle können Politik und Geschäftsformen der alten Zeit zum Atomkrieg führen – und das ist nun wirklich ein «Verlustgeschäft», das nur aus geistiger Umnachtung entstehen kann.

Politik und Geschäftsformen der neuen Zeit schaffen «Gewinn»-Beziehungen, die jedem nützen, der daran teilhat. Denn es gibt keinen Grund, einander auszunutzen. Es ist für alle genug da, wenn wir es nur erkennen und erschaffen. Wir können alle gut leben – jeder Mensch auf diesem Planeten –, wenn wir endlich damit aufhören, uns auszunutzen, und im Einklang miteinander leben und arbeiten.

Das wird möglich sein. In vielen Dingen wird es schon verwirklicht, und es liegt an jedem von uns, neue Formen zu schaffen, die gegenwärtigen Formen auszuweiten, bis die Auswirkungen im Massenbewußtsein spürbar sind und wir die Welt in einen schönen und lebenswerten Ort für alle verwandeln.

Sage dir, daß das wahr ist, und es ist wahr.

So soll es sein. So ist es!

XIV Erleuchtung

All unsere Beschränkungen und
Unzulänglichkeiten sind Einbildung.
In Wahrheit bist du ein unbegrenztes
Wesen...

Wir müssen uns nur mit unserem
inneren Wesen verbinden.
Wir müssen nur erkennen,
was wir wirklich sind,
dann sind wir erleuchtet

Das Wort «Erleuchtung», wie das Wort «Tantra», ist schon auf so viele Arten von so vielen verschiedenen Leuten mit so vielen verschiedenen Definitionen gebraucht worden, daß es seine Bedeutung verliert, wenn man es nicht klar definiert und versteht.

Gemäß den meisten Formen des tibetischen Buddhismus ist Erleuchtung der höchste Gipfel des Berges unseres sich immer weiter entwickelten Bewußtseins, der Höhepunkt eines jeden Lebens, das vom Suchen und Entdecken erfüllt ist – ein Punkt, der für die meisten Menschen so weit entfernt liegt, daß nur ein Mensch in jeder Epoche, der Buddha, wahre Erleuchtung erlangen kann.

Vielen Formen des Zen-Buddhismus entsprechend ist Erleuchtung jedoch ein Erlebnis, das jeder haben kann, der dafür empfänglich ist. Das «Kensho»-Erlebnis, wie es genannt wird, ist ein tiefes, wenn auch manchmal kurzzeitiges Erleben des Einsseins, der Glückseligkeit und der Vollkommenheit, das schon viele Menschen hatten.

Erleuchtung ist das, wozu du sie machst. Du kannst glauben, daß du sie nie erlangst – dann wirst du sie nie erlangen. Du glaubst vielleicht, daß du sie irgendwann später einmal erlangst, wenn du dich endlich im Griff hast – dann schaffst du dir das vielleicht in der Zukunft, je nachdem, ob du deinen Glauben änderst und ihn in die Gegenwart bringst. Du kannst auch glauben, daß du schon erleuchtet *bist* – daß das dein wahrer, natürlicher, höchster Seinszustand ist –, dann bist du erleuchtet.

Alle Lehren des Erleuchtungserlebnisses verweisen uns auf uns selbst und zeigen uns, daß Erleuchtung unser wahres Wesen ist. Wir müssen nur zu unserem Kern finden, um zu erkennen, was wirklich ist, dann sind wir erleuchtet.

Ein tibetischer Lehrer erzählte mir folgende Geschichte, eine Metapher, die Vorgang und Wesen der Erleuchtung beschreibt.

Eine Frau hatte eines Nachts einen ungeheuer lebendigen Traum, so lebendig, daß sie glaubte, er sei wahr. Sie träumte, sie habe ihren Kopf buchstäblich verlo-

ren – sie träumte, der Kopf säße nicht mehr auf den Schultern.

Am nächsten Morgen wachte sie auf und fing wie wild an, ihren Kopf zu suchen. Überall suchte sie nach ihm, aber sie konnte ihn nicht finden. Selbst ihr verzweifeltes Weinen half nichts.

Schließlich ging sie zu einem Lehrer und fragte ihn, wo sie ihren Kopf finden könne. Der Lehrer hielt ihr nur einfach einen Spiegel vor, in dem sie sich sehen konnte. Da bemerkte sie, daß sie den Kopf die ganze Zeit gehabt hatte und daß sie ihn nur im Traum verloren hatte.

Diese Geschichte ist eine schöne Metapher für Vorgang und Wesen der Erleuchtung. Die Hauptperson ist eine Frau – das symbolisiert das Intuitive in jedem von uns, die Tatsache, daß unsere Erleuchtung in unserem unmittelbaren Wesen liegt, im weiblichen Prinzip in uns, eher als im rationalen Wesen, dem männlichen Prinzip in uns. Wenn du verzweifelt nach deinem unmittelbaren Wesen suchst, wirst du es nie entdecken. Du mußt einfach nur jemanden oder etwas finden, das ein Spiegel für dich ist – etwas, das dir deine wahre, unmittelbare Natur zeigt. Du mußt einfach nur erkennen, daß alle deine Freunde, jeder, der an deinem Leben, an deiner Arbeit teilhat, ein Spiegel für dich ist, der deinen Geisteszustand wiedergibt. Nimm dir all dies zu Herzen, ohne dir in irgendeiner Weise Vorwürfe zu machen – ohne dich zu verurteilen oder zu kritisieren. Nimm es einfach nur auf und sei bereit, das, was nötig ist, zu ändern, das, was dir deine intuitive Weisheit rät.

Schau dich genau an, eines Tages wirst du entdecken, daß all deine Beschränkungen und Unzulänglichkeiten nur Einbildung sind. In Wahrheit bist du ein unbegrenztes Wesen. Körper und Geist bestehen im wahrsten Sinne des Wortes aus Lichtenergie. Du bist erleuchtet, hier und jetzt. Du bist es immer gewesen und wirst es immer sein. Sieh nur, daß das so ist, und es ist so.

Es gibt eine tiefe, wunderbare Lehre, die in vielen Traditionen des Ostens und des Westens immer wieder in andere Worte gefaßt wurde. Ganz einfach ausgedrückt:

Wir sind viel größere Wesen, als wir glauben. Wir haben höhere Bewußtseinsebenen und Körper, als wir wahrnehmen. Wir haben alle ein Christusbewußtsein, eine Buddhanatur in uns. Unser natürlicher Seinszustand ist der der Erleuchtung.

Du brauchst nicht anderswo nach deinen Antworten, nach den größten Schätzen zu suchen. Du findest sie in dir. Sage dir:

Ich bin erleuchtet, hier und jetzt.

Und es ist so.

XV Freiheit

Du sollst so frei sein wie ein
Vogel, wie ein Stern oder wie einer
der Meister, die auf dieser Erde wandelten

Zum Schluß – eine letzte Übung

Zu Beginn dieses Buches definierten wir Tantra als das *Bewußtsein, das vollkommene persönliche Freiheit in jedem Augenblick des täglichen Lebens schafft und nichts abwehrt.* Dann wandten wir dieses Prinzip des Tantra – dieses Offensein – auf viele der wichtigsten Lebensbereiche an.

> *Frage dich: «Was steckt hinter _______, das ich noch verstehen muß?» In den freien Raum setzt du die Kapitelüberschriften dieses Buches ein – Beziehungen, Sex, Alleinsein, Arbeit, Geld, Kreativität, Älterwerden, Politik usw. – oder jeden anderen Lebensbereich, mit*

dem du dich beschäftigen willst. Betrachte jede Antwort, die auftaucht.

Frage dich dann: «Was steckt hinter _______, das mich lehrt, frei zu sein?» – setze dasselbe Wort in den freien Raum ein.

Wiederhole die Fragen und nimm jede Antwort auf, die dir in den Sinn kommt.

Du fragst dich zum Beispiel: «Was steckt hinter meiner Beziehung, was ich verstehen soll?» Antworte dann mit den Worten, die dir gerade einfallen. Frage und antworte, bis du mit der Antwort zufrieden bist.

Diese Übung – so einfach sie ist – kann dich deiner inneren Stimme näher bringen. Für gewöhnlich ist es besser, sich selbst Fragen zu stellen, als andere zu fragen. Wer kennt dich besser als du selbst?

Vorbilder zerschlagen

An einem bestimmten Punkt unserer Entwicklung müssen wir uns mit all den Vorbildern auseinandersetzen, die wir uns geschaffen haben und die wir von anderen übernommen haben. Es handelt sich dabei um emotionale und intellektuelle Vorstellungen von dem, wie wir sein sollten und wie wir nicht sein sollten, was wir tun sollten und was wir nicht tun sollten, was wir haben sollten und was wir nicht haben sollten. Diese Vorstellungen sind uns, da sie aus einer sehr frühen Konditionierung stammen, in Fleisch und Blut übergegangen.

Es kommt eine Zeit, wo wir reif werden – im tiefsten Sinn des Wortes –, um über all diese Vorbilder hinauszugehen. Du kannst das tun, sein und haben, was du wirklich willst.

Heiraten oder allein bleiben... oder dich scheiden lassen. Kinder haben oder keine Kinder haben. Eine Frau lieben oder einen Mann lieben. Mehrere Frauen lieben oder mehrere Männer lieben... einen Mann und eine Frau lieben, Männer und Frauen lieben... ein Vermögen verdienen oder nicht. Reich sein, arm sein. Erfolgreich oder erfolglos sein. Für eine Firma arbeiten oder für dich selbst... oder überhaupt nicht arbeiten. Spirituell sein oder weltlich... oder politisch oder wissenschaftlich... oder mit Computern arbeiten... Du bist frei, genau das zu tun, was du dir wünschst – genau das, was dein Herz begehrt.

An einem bestimmten Punkt unserer Entwicklung ist das einzige, was uns davon abhält, wirklich frei zu sein, unsere eigene Vorstellung von dem, was Freiheit ist. Wenn wir wirklich frei sind, sind wir frei, alles zu tun, zu sein und zu haben. Laß alle Vorstellungen gehen! Und du wirst frei sein. Zerschlage all deine Vorbilder. Entlasse den Richter in dir. Erlaube dir einfach nicht mehr, dich schlecht zu beurteilen. Und du wirst frei sein.

Laß dich von deiner Intuition leiten und erlaube dir, dein wahres Wesen zu verwirklichen.

Du bist frei, wenn du dir selbst bestätigst, daß du es bist

Eine der tiefsten – vielleicht sogar *die* tiefste – Erkenntnis, mit der wir uns in diesem Buch beschäftigt haben, ist, daß *das, was du dir immer wieder sagst, sich bald in Wirklichkeit ereignet.*

Sprichst du für deine Beschränkungen, dann beschränken sie dich auch. Sage dir lieber, daß du frei bist – dann wirst du dir schon bald eine Realität schaffen, in der du ein vollkommen freies Wesen bist, frei zu tun, was du willst, zu sein, wie du willst, und zu haben, was du willst.

Das ist dein Geburtsrecht. Du sollst so frei sein wie ein Vogel, wie ein Stern oder wie einer der Meister, die auf dieser Erde wandelten. Heiße die Freiheit willkommen! Du brauchst sie dir nur zu nehmen. Du brauchst dir nur immer wieder zu sagen:

Ich bin frei!

Und du bist frei… frei, so zu sein, wie du es dir immer erträumt hast. Das ist wahr. Mein Herz weiß es.

Mögest du gesegnet sein
mit allem,
was dein Herz begehrt

So soll es sein – so ist es!

Anhang A
Tantra im Osten: Ein unorthodoxer Abriß des tibetisch-tantrischen Buddhismus

Der tibetische Buddhismus ist der tantrische Zweig des Buddhismus. Im folgenden werde ich eine Zusammenfassung versuchen als Ergebnis mehrerer Jahre intensiven Studiums. Es ist keine orthodoxe Einführung – orthodoxe Einführungen geben schon zahlreiche Schriftsteller und Lehrer. Es ist statt dessen eine Sammlung von Schriften und Geschichten, die ich bei den Tibetern selbst gelesen und gehört habe. Ich werde es recht formlos darstellen – in der Art, in der ich selbst auch auf das meiste gestoßen bin.

Zuerst gebe ich einen unorthodoxen Abriß des *Tantra,* danach werden wir seine Bedeutung und Brauchbarkeit für den Westen heute betrachten. Das meiste habe ich durch das Studium der Nyingma-Tradition des tibetischen Buddhismus erfahren. Wenn es also scheint, daß ich diese Richtung besonders hervorhebe und die anderen etwas vernachlässige, dann weißt du warum...

(Der folgende Text stammt von einem Vortrag, den ich neulich bei einem Workshop ohne Konzept oder große Vorbereitungen gehalten habe und auf Band mitgeschnitten habe.)

Die historischen Wurzeln des Tantra

Zwei Hauptrichtungen des Tantra wurden uns überliefert, das buddhistische und das hinduistische Tantra. Am meisten habe ich vom buddhistischen Tantra gelernt. Es ist jünger, und es gibt mehr Material darüber. Das hinduistische Tantra ist viel älter als die Geschichtsschreibung und beinhaltet die Nachfolger des Gottes Shiva, des kosmischen Tänzers, ein Symbol der zerstörerischen Kräfte.

Die hinduistische Dreieinigkeit besteht aus Brahma, dem Schöpfer, Vishnu, dem Erhalter und Shiva, dem Zerstörer, und alle drei haben den richtigen Platz und die richtige Zeit. Das hinduistische Tantra hat eine herrliche Tradition – aber für unsere Zwecke konzentriere ich mich auf das buddhistische Tantra, das in Tibet bis 1959 blühte, bis China kam und die Macht übernahm.

Für die meisten Tibeter, die gläubige Buddhisten sind, beginnt die Geschichte erst mit der Ankunft des Buddhismus in ihrem Land. Die Tibeter von heute sagen von sich, daß sie vor dem Buddhismus ein sehr wildes Volk waren und bezeichnen sich als «blaugesichtige Affen» – gemäß dem Brauch, sich die Gesichter blau anzumalen, bevor sie in den Krieg zogen. Sie waren als erbitterte Krieger bekannt und übten eine Form der Zauberei aus, die sehr machtvoll – und manchmal sogar zerstörerisch – war, bekannt als «Bon»-Magie.

Im Jahre 800 n. Chr. hatte sich der Buddhismus schon 1300 Jahre lang entwickelt – der Buddha, Shakyamuni Gautama, lehrte 500 v. Chr. in Indien. In diesen 1300 Jahren hatte sich der Buddhismus im Süden und Osten verbreitet, in Sri Lanka, Burma, Thailand, Indochina und Malaya; er hatte sich im Norden verbreitet, in China und der Mongolei; und in Japan, wo er sich zum Zen entwickelte. Der Buddhismus verbreitete sich in der östlichen Welt, in fast ganz Asien und war in allen Ländern, die ihn angenommen hatten, sehr einflußreich und beliebt. Nach Tibet jedoch konnte er nicht eindringen, hauptsächlich wegen des ungeheuren Widerstandes der Bon-Religion und weil die Menschen nicht fähig waren, die Prinzipien der sogenannten

«Religion», der Philosophie oder der Lehrsätze zu verstehen, die zu der als Buddhismus bekannten Befreiung führen.

Der König Tibets im 8. Jahrhundert v. Chr. ist einer der bekanntesten und beliebtesten in der tibetischen Geschichte, weil er derjenige war, der die neue Religion einführte, die neuen Lehren, die die Lebensqualität aller Menschen dieses Landes veränderte. Er hieß Trison Detsan, und man hält ihn für die *Inkarnation* eines Königs – in einem früheren Leben hatte er genug gutes Karma angehäuft, um nicht nur als König wiedergeboren zu werden, sondern auch als einer, der sehr offen für die Wahrheit des *Dharma,* der universellen Lehren des Buddha, war.

Der König wurde sehr stark vom Buddhismus beeinflußt und wollte ihn in seinem Land einführen. Er ließ mehrere berühmte und mächtige Menschen aus Indien kommen, unter ihnen der große Heilige Shanti Rakshita, aber keiner schaffte es. Jedesmal, wenn man versuchte, einen Tempel oder ein anderes Gebäude zu bauen, stürzte es ein, vollkommen zerstört von den Bon-Zauberern. Es gab Erdbeben und Blitzeinschläge, und alles, was die Buddhisten zu bauen versuchten, wurde sofort zerstört.

Schließlich ließ der König den großen Zauberer, Mystiker und Lehrer Padma Sambhava nach Tibet kommen. Padma Sambhava stammte aus einem Land, das Urgyan oder Uddiyana hieß, und wahrscheinlich ein Teil des heutigen Nepal ist. Es gibt viele Geschichten um Leben und Lehren des Padma Sambhava. Sein Name bedeutet der «Lotosgeborene», denn er soll nicht auf die gewöhnliche Weise geboren worden sein, sondern ganz plötzlich von den Kräften der göttlichen Natur des Universums hervorgebracht worden sein, als einjähriges Kind, auf einer großen Lotosblüte sitzend, in tiefer Meditation, mit Schweiß auf der Stirn, mitten auf dem heiligen See Dhanakosha. Jemand fand ihn und brachte ihn zum Palast, wo er zum König erzogen wurde. Er hatte aber kein Interesse am königlichen Leben und ging auf die Suche nach den tiefsten und gehaltvollsten Lehren.

Es heißt, daß Padma Sambhava mit Ananda, dem Lieblingsschüler des Buddha, studiert hat, dem mit dem großen, offenen Herzen, der alle 84000 Aussprüche oder *Sutras* des Buddha kannte. Wenn das stimmt, muß Padma Sambhava, zumindest nach westlicher Zeitrechnung, 1300 Jahre alt gewesen sein, als er nach Tibet kam. Es wird aber auch berichtet, daß Padma Sambhava viele Mächte bezwungen hat, er war zum Beispiel unsterblich. Es wird berichtet, daß Padma Sambhava, nachdem er von Ananda und all den großen Lehrern des Buddhismus zu dieser Zeit in Indien gelernt hatte, viele Jahre durch Indien zog, unzählige Abenteuer erlebte und jeweils fünf Jahre auf jedem der acht großen Friedhöfe des alten Indiens verbrachte, um dort zu meditieren. Er baute Häuser aus Knochen und lebte in ihnen, er war ein Freak und ein Eremit. Und auf diesen Friedhöfen wurden ihm die Lehren des Tantra vermittelt, von *Dakinis* – Frauen in vielen verschiedenen Gestalten, die ihm während der Meditation erschienen. Er wurde ein großer Meister, und sein Ruhm verbreitete sich über die Grenzen hinaus.

Und so kam es, daß der König von Tibet diesen Mann einlud, in sein Land zu kommen, um dem Dharma zum Durchbruch zu verhelfen. Padma Sambhava kam, und der König traf sich mit ihm an der Grenze von Tibet. Da er der König war, nahm er natürlich an, daß dieser Lehrer sich vor ihm verbeugen würde. Aber Padma Sambhava verbeugte sich nicht vor dem König. Der König war völlig verwirrt, denn jedermann verbeugte sich vor ihm. Die Legende erzählt jedoch, daß Padma Sambhava nur einen Finger hob, aus dem ein Blitz geschleudert wurde und knapp vor des Königs Nase niederging. Der König fürchtete sich und fiel unter inständigen Bitten auf die Knie. Später wurde er einer der besten Schüler Padma Sambhavas.

Die Legenden Tibets sind farbenfroh, ungewöhnlich und verblüffend. Sie sind ganz anders als die Legenden des Westens – wenn man die Bibel nicht dazuzählt. Denn wie die Bibel sind die tibetischen Legenden voll von Geschichten, die viele als unmöglich oder falsch bezeichnen und ablehnen. Ich erzähle einfach ein paar Geschichten, die ich von Tibetern gehört habe, die aus ihrer Geschichte berichteten, und aus verschiedenen Übersetzungen tibetischer Bücher. Du kannst sie annehmen oder ablehnen, das spielt keine Rolle. Ich halte sie für wundervoll im tiefsten Sinne des Wortes – voller Wunder, Licht und tiefen Lehren für uns, wenn wir Ohren haben, um zu hören. Ich habe festgestellt, daß viele Leute erst einmal skeptisch sind, wenn sie von den Wundern hören, die Teil der Traditionen anderer Länder sind – und doch glauben viele von ihnen an die Wunder Christi, an die Schöpfungsgeschichte und die Sintflut, daran, daß Moses einen Stab in eine Schlange verwandelt hat und das Rote Meer durchquert hat usw.... So oft nehmen wir das Vertraute an und lehnen das Fremde ab. Aber zurück zu unserer Geschichte...

Padma Sambhava ging nach Tibet und begann, den ersten buddhistischen Tempel an einem Platz namens Samye Ling zu bauen. Er sagte dem König, um dies zu tun, müsse er zuerst in absoluter Stille meditieren. Zu diesem Zweck zog er sich in eine abgelegene Höhle zurück, deren Lage nur der König kannte.

Nach einer gewissen Zeit kam ein Mann zum König – er war gut gekleidet und sehr stattlich. Er erzählte dem König, er sei ein einflußreicher Kaufmann und habe ein großes Geschenk für ihn, da er ihn in seinen Bemühungen unterstützte, den Buddhismus im Land einzuführen. Das Geschenk bestand aus einer großen Menge roten Zedernholzes für den Bau des Tempels. Zedernholz ist in Tibet ein sehr seltener und wertvoller Rohstoff, weil er über Hunderte unwegsamer, bergiger Meilen herbeigebracht werden muß.

Der König war von diesem großzügigen Angebot überwältigt. Der Mann forderte ihn auf, Padma Sambhava sofort davon zu berichten. Der König sagte, jener meditiere und wolle nicht gestört werden. Der Mann meinte, er sei sicher, wenn Padma Sambhava von diesem Geschenk erführe, würde er seine Meditation unterbrechen, weil dies die Ziele seiner Meditation erfülle.

Also stieg der König hinauf zu der Höhle und trat ein. Es wird berichtet, daß er in den Tiefen der Höhle zuerst nicht den meditierenden Padma Sambhava sah, sondern einen großen *Garudavogel* – ein Garuda ähnelt sehr dem Donnervogel der amerikanischen Indianer, ein Symbol der Kraft und des spirituellen Flugs, ein großer, starker Vogel mit kräftigen Fängen und Flügeln. Dieser Vogel verschlang eine riesige *Naga,* eine Schlange – ein Symbol für die dunklen Mächte, die uns davon abhalten, unsere Ziele zu erreichen. Der Garuda hatte die Schlange schon fast ganz verschlungen – nur noch das Ende hing aus seinem Schnabel heraus. Als der Garuda aber den König sah, bekam er große Augen, und ein erbitterter Kampf folgte. Die Schlange wurde stärker, schaffte es, sich aus dem gewaltigen Schnabel des Garuda zu befreien und verschwand blitzschnell aus der Höhle. Der König war machtlos – obwohl die Schlange sich unmittelbar hinter ihm vorbeischlängelte.

Der Garuda verwandelte sich im selben Augenblick wieder in Padma Sambhava – und dieser wandte sich erzürnt an den König. Er schrie ihn an: «Warum hast du meine Meditation unterbrochen?» Der König antwortete ihm, er sei zu ihm geschickt worden, da ein Gönner ihnen eine große Menge Zedernholz für den Bau ihres Tempels geschenkt habe.

Padma Sambhava brüllte ihn an: «Du Dummkopf! Dieser Mann war der König der Nagas, und er hat das getan, um dich zu bewegen, mich in meiner Meditation zu stören. Und weil du mich gestört hast, sind die Nagas entkommen – jetzt habe ich keine Kontrolle mehr über ihr Tun.»

Der König war bestürzt – und es muß ihn sehr verwundert haben, als Padma Sambhava wie folgt fortfuhr:

«Trotz deiner Unterbrechung werde ich den Buddhismus in dieses Land bringen. Aber auf Grund deiner Unterbrechung wird der Buddhismus irgendwann in der Zukunft, wenn Eisenvögel fliegen und die Menschen in Maschinen auf Rädern fahren, von Armeen des Nordens aus dem Land getrieben werden, die großen Lehren werden in Tibet vollkommen vernichtet werden und in den Westen wandern, ins Land des Roten Mannes.»

Der König konnte wahrscheinlich in diesen Vorhersagen wenig Sinn sehen, da sie sich erst nach weiteren 1150 Jahren erfüllen sollten. Traurig und entmutigt kehrte er nach Hause zurück. Padma Sambhava setzte seine Meditation fort.

Bald gelang es ihnen, den großen Tempel in Samye Ling fertigzustellen – den Tempel, der als erster die machtvollen Lehren des Buddhismus in Tibet stützen sollte. Der König wurde einer von Padma Sambhavas besten Schülern. Fünfundzwanzig weitere Schüler wurden auch sehr berühmt. Eine Tibeterin namens Yeshey Tsogyal wurde Padma Sambhavas bevorzugte *Dakini,* Schülerin und Biographin. Sie soll die Fähigkeit besessen haben, all seine Lehren zu verstehen und zu vermitteln, und all seine Erkenntnisse – etwas, das kein anderer Schüler erreichte.

Die Geschichte des tibetischen Buddhismus ist wirklich die Geschichte Padma Sambhavas, denn er ist der große Begründer und das Oberhaupt des Buddhismus in Tibet. Vom tibetischen Volk wird er so verehrt, wie Christus im Westen verehrt wird. Padma Sambhava wird der Vater des buddhistischen Tantra genannt – sein außergewöhnlicher Beitrag für Tibet und jetzt für die ganze Welt war der, daß er die Lehren des Buddha in eine Form brachte, die die Menschen ohne weiteres verstehen und im täglichen Leben anwenden konnten.

Die Aussprüche Buddhas in Indien sind das Werk eines Geistes von unglaublicher Intelligenz, unglaublicher Kraft, Weite und Tiefe. Seine ursprünglichen Worte wurden wohl einem Volk dargeboten, welches zivilisiert, weit entwickelt und intelligent war. Das tibetische Volk jedoch war wild, ziemlich ungebildet, körperlich, gefühlvoll, lebhaft und überhaupt nicht in der Lage, Lehren zu verstehen, die so feinsinnig und erhaben sind und den Intellekt fordern.

Also mußten die Lehren dem tibetischen Volk verständlich gemacht werden. Padma Sambhava hatte ein so tiefes Verständnis, daß er Buddhas Lehren so umsetzen konnte, daß das Volk sie vollständig erfassen konnte. Das geschah, indem er die *Tantras* schrieb, einführte und ausübte. Er verwandelte die *Sutras* in die *Tantras*, geschriebene und gesprochene Lehrsätze, die sehr pragmatisch, körperlich und vergleichsweise unintellektuell sind. Diese Lehrsätze wurden geschaffen, um den Bedürfnissen des Volkes entgegenzukommen, so wie sie sich jetzt langsam an die Bedürfnisse der Amerikaner von heute anpassen, einem ganz anderen Volk, mit einer ganz anderen Mentalität und Kultur.

Padma Sambhavas wichtigste Schüler sind unter dem Namen die «Fünfundzwanzig großen Siddhas» bekannt, weil jeder von ihnen große Stärke (*Siddhi*) erlangt hat. Mit Unterstützung dieser fünfundzwanzig Schüler konnte Padma Sambhava den befreienden Lehren des Buddhismus in Tibet zum Durchbruch verhelfen, trotz einer sehr mächtigen Opposition. Die Lehren verbreiteten sich über das ganze weite Land und veränderten das Volk und seinen Lebensstil; das ganze Land machte eine tiefgreifende Veränderung durch, beim Leben des ganz einfachen Volkes angefangen bis hin zur gesamten politischen Struktur, und das durch die Einführung bestimmter Lehrsätze, die jetzt als buddhistisches Tantra bekannt sind.

Die Nyingma-Schule

Padma Sambhava und seine Schüler gründeten die *Nyingma*-Tradition. Nyingma bedeutet «die Alten» oder «die alte Schule» – es wurde natürlich erst als alte Schule bezeichnet, nachdem sich neue Schulen entwickelt hatten... Über mehrere Jahrhunderte hinweg gab es im Grunde in Tibet nur eine Schule des Buddhismus. Und dann entstanden, wie in allen menschlichen Bewegungen, wie im Christentum des Westens, andere Traditionen. Andere Zweige bildeten sich, als sehr starke, klare Führer auftraten und die Lehren bearbeiteten, veränderten oder neue Lehrsätze entwikkelten, die auf ihrer Erfahrung beruhten...

Die Nyingma-Schule, die erste in Tibet, wurde anfänglich von sich neu entwickelnden Schulen kritisiert, weil diese meinten – und das ist ein interessantes und immer wiederkehrendes Muster –, daß Nyingma der ursprünglichen Bon-Magie zu ähnlich sei. Buddhas Lehren mußten sich ursprünglich sehr anpassen, um im Land Fuß fassen zu können. Als sie sich dann schließlich erfolgreich angepaßt hatten, war der Grundstein für mehrere Schulen gelegt, die dann kamen und behaupteten, sie hätten sich zu sehr angepaßt, sie glichen zu sehr ihren Vorgängern. Das ist ganz natürlich, ein natürlicher Kreislauf. Man behauptete jetzt, die Nyingma sei gerade die Umkehrung des Bon-Rituals – ihre Altäre und Übungen glichen sich vollkommen, außer daß sie einander spiegelten, einander umkehrten. Die Nyingma würden zum Beispiel ihre Gebetsmühlen im Uhrzeigersinn drehen und im Uhrzeigersinn umhergehen, während sie chanten oder meditieren, während die Bon-Zauberer ihre Gebetsmühlen *gegen* den Uhrzeigersinn drehen und *gegen* den Uhrzeigersinn umhergehen. In der Nyingma-Tradition werden die Gottheiten in einer bestimmten Anordnung auf den Altar gestellt; in der Bon-Tradition ist die Anordnung ähnlich, aber umgekehrt.

Die Nyingma stimmten dieser Kritik natürlich nicht zu und änderten ihre Praktiken nicht. Die Tradition lebt heute noch als eine der stärksten und lebendigsten von allen Schulen des tibetischen Buddhismus. Sie wird von einem hochgeschätzten Lehrer namens Dudjom Rinpoche angeführt.

Die Gelupga-Schule

Und so entstanden verschiedene Schulen – die sogenannten reformierten Schulen –, die glaubten, daß die Nyingma sich zu sehr den Rivalen der Bon-Magie angepaßt hätten. Die neueren Schulen behaupteten, wieder zu der ursprünglichen Reinheit des Buddhismus aus Indien zurückzukehren. Eine der bemerkenswertesten dieser reformierten Schulen war die *Gelupga,* die aus den Lehren eines Mannes namens Tsong Kapa hervorging, welcher im 13. Jahrhundert lebte, einige Jahrhunderte nach der Nyingma-Schule.

Die mächtigen Gelupga hatten schließlich um 1800 nach Christus die größte politische Macht im Land. Tibets Regierungssystem war sehr ungewöhnlich; die spirituellen Führer waren gleichzeitig die politischen Führer. Das Oberhaupt der Gelupga ist der Dalai Lama, und er wurde im Laufe mehrerer Jahrhunderte und über zwei Dutzend Inkarnationen hinweg zum politischen Führer großer Teile Tibets. (Jene aus dem Osten Tibets, wie mein Nyingma-Lehrer, nahmen für sich in Anspruch, wirklich unabhängig von der Gelupga-Herrschaft zu sein.)

Die Gelupga wurde zu einer wissenschaftlichen Tradition, ganz im Gegensatz zu den pragmatischeren und wirklichkeitsnäheren Nyingma.

Die Kargyud-Schule

Eine andere Schule, die sich später entwickelte, heißt *Kargyud.* Die Kargyud gleicht in vieler Hinsicht der Nyingma-Schule, denn sie betont Praxis und persönliche Erfahrung eher als intellektuelles Wissen. Die Tradition der Kargyud entspringt einer anderen Quelle als die der Nyingma. Es ist eine sehr bedeutende Tradition, da sie heute noch in Indien und in diesem Land von Chögyam Trungpa und vielen anderen weitergeführt wird.

Die Nyingma-Tradition stammt ursprünglich von Padma Sambhava und nimmt für sich in Anspruch, direkt auf Shakyamuni Buddha zurückzugehen. Die Kargyud-Tradition geht ursprünglich auf einen anderen machtvollen Lehrer zurück – einen Mann namens Tilopa, der das Wesen des Tantra darstellt.

Alles begann in Indien etwa um 800 vor Christus. Zu dieser Zeit hatte sich der Buddhismus in ganz Indien verbreitet, und das *Mahayana* – die herausragende Form des Buddhismus, der Buddhismus des Bodhisattva, wo der Suchende sich verpflichtet, allen Wesen zu helfen, Erleuchtung zu erlangen – war auf seinem Höhepunkt, in voller Blüte. In ganz Indien gab es große buddhistische Universitäten, die größte war die Nalanda-Universität. Der bekannteste, gescheiteste und mächtigste Lehrer an der Nalanda hieß Naropa. Er hatte Tausende von Schülern, war sehr angesehen und wurde als großer Mahayana-Buddhist verehrt, ein großer Gelehrter und Lehrmeister.

Die Legenden berichten, Naropa hatte eines Nachts einen Traum. In diesem Traum erschien ihm eine wilde, nackte, alte *Dakini* (eine Frau, die eine Lehre bringt), tanzte wild, lachte ihn aus, zeigte auf ihn, kreischte und schrie: «Du glaubst, ein so großer Gelehrter zu sein! Wenn du es wissen willst, achte auf den ersten Namen, den du morgen hörst. Diesen Mann wirst du suchen und von ihm lernen. Wenn du das nicht tust, wirst du dich nicht weiterentwickeln! Du scheiterst sonst an deinem eigenen Stolz!»

Sie hatte ein schreckliches Lachen. Schweißgebadet erwachte er, aufgewühlt von diesem Traum. Er ging ans Fenster. Unter seinem Balkon unterhielten sich drei Bettler. Sie sprachen über einen großen Yogi namens Tilopa. Sowie er diesen Namen *Tilopa* hörte, durchfuhr ein starkes Gefühl sein ganzes Wesen – ja, er wußte, er mußte diesen großen Yogi Tilopa finden, wer auch immer das war, denn er wußte, daß Tilopa wichtige Lehren für ihn hatte, viel weitreichender als all das, dem er zuvor begegnet war. Naropa, ein Patriarch von Tausenden, wurde an diesem Tag wieder wie ein Kind.

Am selben Tag noch teilte er seinen Schülern mit, daß er wegginge, um seinen Lehrer zu suchen. Seine Schüler waren erschüttert und flehten ihn an, zu bleiben und zu lehren. Er sei ihr größter Lehrer, und wie könne er sie nur verlassen, wenn sie seine Führung und sein Licht bräuchten? Er aber antwortete, er müsse gehen – sie würden ihren eigenen Weg finden. Und so zog Naropa fort, trotz der verzweifelten, flehentlichen Bitten von Tausenden seiner Schüler, um den großen Yogi Tilopa zu suchen.

Er durchquerte das ganze Land und fragte überall, in jeder größeren Siedlung, nach dem großen Yogi Tilopa. Aber niemand hatte je von ihm gehört! Er wollte sich nicht entmutigen lassen und fragte jetzt auch in kleineren Städten und Dörfern. So durchkämmte er das ganze Land auf der Suche nach dem großen Yogi Tilopa. Unaufhörlich fragte er überall und jeden nach ihm.

Zehn Jahre vergingen – zehn Jahre fruchtlosen Umherziehens. Er blieb unerschütterlich. Zwölf Jahre vergingen. Seine Ausdauer war so groß, daß er zwölf Jahre wandern konnte, um einen Mann zu finden, von dem niemand jemals gehört hatte. Schließlich gelangte er zu Beginn des dreizehnten Jahres seiner Wanderschaft in ein kleines Dorf an der Südküste Indiens. Als er nach dem großen Yogi Tilopa fragte, lachten die Leute und sagten: «Wir kennen keinen großen Yogi Tilopa, aber es gibt so einen Taugenichts namens Tilopa, der lebt unten am Strand. Der ist so faul, daß er den ganzen Tag nichts anderes macht, als herumzuliegen. Er arbeitet nicht. Er ernährt sich nur von den Fischköpfen, die die Fischer wegwerfen.»

Naropa ging auf die Suche nach diesem Mann und stieß tatsächlich auf einen alten, grauhaarigen Kerl, der im Sand lag. Er fragte ihn, ob sein Name Tilopa sei. Der Mann nickte. Naropa bat um eine Weisung. Der Mann lachte und blieb einfach liegen. Er schlief fast wieder ein und nahm überhaupt keine Notiz von Naropa. Naropa bat ihn um eine Weisung, bekam aber überhaupt keine Antwort und hatte nur diesen grauen alten Kerl vor Augen, der im Sand lag und schlief.

Drei Tage lang lag Tilopa so da, tat nichts, aß ab und zu ein paar Fischköpfe und tat so, als ob Naropa überhaupt nicht da wäre, ignorierte ihn einfach. Am Ende des dritten Tages wandte er sich schließlich Naropa zu, nickte und teilte ihm ohne Worte mit, daß er ihn als seinen Schüler aufnehmen würde, wenn er stark genug wäre und offen genug, um seine Lehren zu empfangen. Naropa war ganz langsam von einem Dasein als hochgeschätzter Gelehrter und Lehrmeister zu einem Dasein als Vagabund, wie Tilopa einer war, hinabgestiegen.

Zum Beispiel erzählte Tilopa Naropa von einer Hochzeit, die in der Nähe gefeiert wurde. Er wies Naropa an, sich bei dem Fest einzuschleichen und ihm etwas zu essen zu holen. Das wurde im alten Indien als sehr unschicklich betrachtet. Trotzdem ging Naropa zu der Hochzeit, gab vor, ein Gast zu sein, und brachte dann eine Portion zu Tilopa. Dieser verschlang jeden Bissen gierig. Dann sagte er zu Naropa, er solle zurückgehen und auch etwas essen – also ging Naropa hin und ließ sich noch einmal etwas geben. Dieses Mal bemerkten die anderen aber, daß er nicht eingeladen war. Sie schlugen ihn fast tot und ließen ihn in einem Graben liegen. Tilopa fand ihn, wie er da im Graben lag, blutend, vollkommen zerschunden und noch halb betäubt. Aber er lachte nur und ging seines Weges.

Ein anderes Mal, so wird berichtet, zogen sie durch den Dschungel und kamen an einen Bach, der etwa eineinhalb Meter breit war. Tilopa sagte: «Leg dich über den Bach, ich will über deinen Rücken laufen.» Also legte sich Naropa über den Strom, und Tilopa ging über seinen Rücken. Als Naropa aufstand, merkte er, daß jede Menge dicker Blutegel an ihm hingen, von denen es im Bach nur so wimmelte. Und wieder lachte Tilopa nur, als Naropa sich wütend die Blutegel vom Körper riß.

Naropas Erziehung durch Tilopa soll zwölf Jahre gedauert haben. Und in dieser Zeit wurden ihm keine Lehren mitgeteilt – zumindest nichts, was man üblicherweise als Lehre bezeichnen würde. Es ging einfach nur darum, Tag um Tag zu leben.

Die Geschichten werden von nun an immer unglaublicher – mystischer, wundersamer, wie die Geschichte von Christus, wie er Lazarus heilt. Es wird sogar erzählt, daß sie einmal an eine hohe Felswand mit scharfen, zerklüfteten Klippen kamen, die mehrere hundert Meter tief abfielen, und Tilopa sagte: «Wenn du Vertrauen in mich als deinen Lehrer hast, dann stürze dich die Klippen hinab!» Naropa schaute einmal zu den Felsen hinunter... und sprang... Sein Körper zerschellte an den Felsen und wurde in blutige Fetzen gerissen... Jetzt begann Tilopa mit der Demonstration seiner Macht – er setzte sich mit gekreuzten Beinen auf den höchsten Felsen und sang einen kraftvollen Chant (oder *Mantra*), welcher Naropas verstümmelte Körperteile wieder zusammenfügte. Naropa kam zu Bewußtsein... er lebte und war gesund...

Eines Tages wandte sich Tilopa um und schaute Naropa

lange Zeit tief in die Augen… Naropa war jetzt ein ganz anderer als der, der vor zwölf Jahren zu ihm gekommen war – sein Stolz war gewichen, sein Hochmut war gewichen und sein Rollenverhalten als Gelehrter und Lehrmeister war verschwunden… Er war offen, offen wie ein Kind…

Und doch war noch ein letzter Schritt nötig, denn Tilopa zog eine seiner alten, abgetretenen Sandalen aus, drehte sich um und schlug Naropa ohne Vorwarnung mit der Sohle der Sandale ins Gesicht. Naropa erlitt einen Schock… und die Nachwirkungen dieses Schocks trugen ihn in einen weiten Raum, in ein Licht, wie er es sich vorher nie hatte vorstellen können, nie gekannt und nie erlebt hatte.

Nach einer Weile sagte Tilopa zu ihm: «Jetzt bist du bereit – bereit für die großen Lehren des *Mahamudra.*» Damit gab Tilopa alle Lehren dieses Geschlechts an Naropa weiter – Lehren, die er von Meistern außerhalb der physischen Ebene erhalten hatte, durch unmittelbar spirituelle Übertragung. Denn es wird berichtet, daß Tilopa die Lehren aus göttlichen Quellen erhielt, von keinem, der in einem physischen Körper inkarniert war, eher von den Lehrern Buddhas und Christi und derer, die tiefes Verstehen aus anderen Quellen gewonnen haben als durch Lehrer, die auf dieser Erde wandeln.

Tilopa gab die großen Lehren des *Mahamudra* an Naropa weiter. Mahamudra bedeutet wörtlich «die große Geste» und verkörpert eine Anzahl von Lehren, die gesammelt und jetzt auch übersetzt wurden und die einen Grundstein des buddhistischen Tantra bilden.

Naropas bedeutendster Schüler war ein Tibeter namens Marpa, der dreimal die gefährliche Reise von Tibet nach Indien machte und Naropa große Mengen Gold zum Geschenk machte. Naropa gab die Lehren des Mahamudra an Marpa weiter, der als der Übersetzer bekannt wurde, da er viele dieser Lehren dem tibetischen Volk zugänglich machte.

Der bedeutendste Schüler von Marpa, dem Übersetzer, war ein kleiner, hagerer Yogi namens Milarepa, der berühmt wurde wegen seiner Lieder und seiner göttlichen Vision in Ekstase… wegen seines einfachen, bedürfnislosen Lebens und seiner großen Stärke als Yogi… Aus der Linie von Tilopa, Naropa, Marpa und Milarepa entstand die große Schule der Kargyud. Sie steht der Nyingma in vieler Hinsicht sehr nahe – tatsächlich lehrten und arbeiteten viele große Lehrer in beiden Schulen.

Heute gibt es acht Zweige der Kargyud. Einer der wichtigsten ist die *Karma Kargyud*, die von dem berühmten Karmapa geleitet wird. Er ist der Seher, der visionäre Führer – oder zumindest Berater – aller Schulen.

Die Inkarnation des Karmapa ist auch heute noch ein sehr strenger Führer. Oft reist er umher und hält *Pujas* ab – rituelle Zeremonien – ähnlich der «Schwarzhut»-Zeremonie. Die Pujas sind seine Spezialität und können den Menschen helfen, zu ihrer eigenen persönlichen Kraft und Stärke zu finden.

Die Sakya-Schule

Vier große Schulen entwickelten sich in Tibet, wuchsen und gediehen bis Mitte des zwanzigsten Jahrhunderts. Die vierte bedeutende Schule, die sich gebildet hat, ist die *Sakya*-Schule. Ihre Traditionen ähneln sehr der Nyingma. Ursprünglich lebten die meisten Nyingmas östlich von Lhasa und die Sakyas westlich von Lhasa. Die meisten waren Bauern; viele lebten nahe der nepalesischen Grenze, wo sie der chinesischen Invasion leicht entkamen. Sie orientieren sich jetzt an der Nyingma und der Kargyud.

Eine Geschichte…

Zwischen den verschiedenen Schulen bestand und besteht natürlich eine gewisse Rivalität, aber viele Schüler und viele der großen Lehrer, die großen *Lamas,* haben in mehreren Schulen gelernt und Schüler verschiedener Schulen unterrichtet. Es bestand nie auch nur eine annähernd so große Trennung wie zwischen den christlichen Kirchen.

Und in vieler Hinsicht war es nicht so streng, wie viele Zweige der westlichen Religion geworden sind. Als der tibetische Buddhismus an dem Punkt war, wo er die ganze Kultur durchdrang, spiegelte er die Lebensfreude, Spontaneität und Freiheit eines wahrhaft einigen Volkes wider. Als ich bei Lama Tarthang Tulku in Berkeley lernte, versuchten wir oft, besonders in den anstrengenden Sprachunterrichtsstunden, ihn von dem Thema Sprache abzubringen, hin zu den unzähligen Geschichten aus seiner Kindheit in Tibet. Faszinierende, wunderbare Geschichten. Vielleicht bekommst du durch diese Geschichte einen besseren Einblick in die tibetische Geschichte als mit Hilfe vieler anderer Bücher – es ist eine der Geschichten, die der Lama uns in einer Sprachstunde erzählte.

Es gibt wohl eine ganze Reihe Anekdoten und Geschichten aus dem alten Tibet über einen wandernden Nyingma Yogi. Diese Geschichten ähneln sehr unseren Witzen über Reisende und Vertreter – es sind eben nur Witze über einen wandernden Yogi. Manche von ihnen sind wirklich ausdrücklich und ganz unmißverständlich sexuell. Dieser ist ganz anders. (Wenn du die Sprache oder ganz bestimmte Ausdrücke anstößig findest, dann ist das gut! Betrachte es als Gelegenheit, wirklich die Dinge zu erkennen, die du ablehnst, und schau mal, ob du nicht freier bist, wenn du sie gehen läßt!)

Es begab sich, daß vor langer Zeit, vor vielen Jahren, in einem großen Tal in Tibet die Menschen, Tiere und Pflanzen unter einer furchtbaren Dürreperiode litten. In den wärmsten Sommermonaten fiel wochenlang kein Regen, das Getreide vertrocknete, und die Tiere litten Hunger und Durst. Tausende Gelupga-Mönche versammelten sich unten im Tal und baten um Regen. Sie sangen zehn Tage und zehn Nächte – und doch blieb der Himmel tiefblau und trocken.

Da gesellte sich ein wandernder Nyingma Mönch zu ihnen. Er beobachtete sie und lachte. Er trug eine zerlumpte *Chuba* (Rock), die in der Taille zusammengebunden war. Er stieg auf einen Baum, der vor ihnen stand, und ließ sich an den Knien kopfunter hängen. Sein Rock fiel ihm übers Gesicht und entblößte seinen nackten Arsch im Baum hängend. Er ließ einen lauten Furz fahren, der im ganzen Tal widerhallte... und plötzlich stiegen große Regenwolken am Himmel auf, zogen über das ganze Tal und ergossen sich in einem wunderbaren warmen Regen, der die ausgedörrte Erde tränkte und ihre braune Farbe in Grün, Gelb, Rot, Orange und alle Farben aller Pflanzen, die es gibt, verwandelte.

Er rannte wieder fort, lachte und schrie so laut, daß alle es hören konnten: «Schaut her! Ein Nyingma-Furz ist soviel wert wie 10000 Gelupga-Gesänge!»

Diese Geschichte ist ganz kurz und unorthodox. Es gäbe noch viel mehr zu sagen. Aber Geschichte ist nur da von Bedeutung, wo sie uns hier und jetzt widerspiegelt und berührt. Also weiter...

Tibetischer Buddhismus heute

1959 wurden Padma Sambhavas Vorhersagen wahr. Die Verwaltung für den Norden Tibets, der durch das Himalayagebirge sehr isoliert liegt, war schon seit Tausenden von Jahren sehr aggressiv gewesen. 1959 marschierten Armeen aus dem Norden ein und besetzten Tibet – ein imperialistischer Akt, ein Akt, der für die «Volksrepublik China» karmische Folgen haben wird, so wie der amerikanische und der russische Imperialismus mit ihren eigenen karmischen Resultaten konfrontiert werden. Denn man kann einfach nicht in ein anderes Land einmarschieren und es mit physischer Macht einnehmen, ohne die tiefe karmische Schuld zu erfahren, die eines Tages die Waagschalen der Gerechtigkeit ausgleicht. «Was du säst, wirst du auch ernten.» China besetzte Tibet, vertrieb den Buddhismus mit Gewalt und brachte dem tibetischen Volk – gegen seinen Willen – die neuen Lehren aus China, die Lehren des Vorsitzenden Mao, die dazu geführt hatten, daß die physische Gewalt die spirituelle Macht überwältigte – zumindest im Moment. China wird vielleicht eines Tages für seine Aggression leiden. Es bleibt abzuwarten, wie.

In gewisser Weise waren diese für Tibet unglücklichen Umstände für den Westen sehr günstig, da sie viele Lamas, wie Chögyam Trungpa, Tarthang Tulku, Dudjom Rinpoche, den Dalai Lama, den Karmapa und viele andere (aus allen vier Schulen) zwangen, Tibet zu verlassen. Und ihre Lehren beginnen sich in einem sehr merkwürdigen neuen Land zu verbreiten: Amerika (Kanada und Westeuropa). Amerika ist im Vergleich zu Tibet äußerst gewalttätig und unwissend – kennt das Gesetz des Karma nicht und kennt nicht die Mittel, um wahre Freiheit zu erlangen. Aber die weitsichtige Politik religiöser Freiheit macht Amerika zu einem der fruchtbarsten und offensten Länder der Erde. Und so kommt es, daß in Amerika die alten Lehren des tibetischen Tantra in vielen neuen Formen erblühen – einige sehr traditionell, andere vollkommen umgewandelt in dem neuen kulturellen Zusammenhang. Das amerikanische Tantra wurde geboren, als das buddhistische Tantra aus der Heimat vertrieben wurde.

Was meinen wir, wenn wir *buddhistisches Tantra* sagen? Das Tantra besteht aus einer Vielzahl schriftlich und mündlich überlieferter Lehren. Die meisten stammen direkt oder indirekt von Padma Sambhava. Sie lehren, daß es neun Stufen des Buddhismus gibt, neun Stufen der Lehren des *Dharma*, der Wahrheit. Die erste Stufe heißt *Hinayana* (oder Theravadan), das sogenannte «kleine Fahrzeug». Die tibetischen Quellen sagen, daß diese Lehre sehr auf das Selbst ausgerichtet ist, weil sie einfach nur auf das persönliche Heil des Suchenden zielt.

Die folgenden zwei der neun Stufen heißen *Mahayana* oder das «große Fahrzeug» und sind auf Transformation und Erleuchtung der gesamten Menschheit, jedes Lebewesens und jeder Pflanze gerichtet. Das Mahayana ist der Pfad des Bodhisattva, der gelobt, die endgültige Erleuchtung nicht zu erlangen, bevor nicht jedes Lebewesen, jede Pflanze und jeder Mensch Erleuchtung erlangt haben.

Die sechs Pfade nach dem Mahayana werden *Vajrayana*, «Diamantfahrzeug» oder buddhistisches Tantra genannt. Diese sechs Stufen entwickeln sich zuerst auf äußeren, dann auf inneren und zuletzt auf verborgenen Ebenen. Die ersten zwei Stufen, die ersten Übungen, sind das *äußere* Vajrayana – es beinhaltet Übungen auf einer äußeren, sichtlichen Ebene, die andere Menschen wahrnehmen können. Oft trägt man dabei ein ganz bestimmtes Gewand, die Übungen werden öffentlich dargeboten, wie zum Beispiel das öffentliche Gebet, die Predigt usw. Es ist für jeden ersichtlich, daß diese Handlungen vollzogen werden.

Die *innere* Ebene jedoch – die nächsten zwei Stufen des Vajrayana – gibt uns eine Reihe höherer Lehren und feinerer Übungen, die sich nicht unbedingt auf der äußeren Ebene widerspiegeln. Die Übungen werden innerlich vollzogen. Jeder kann diese Übungen machen, ohne einen bestimmten Lebensstil anzunehmen, denn die Übungen werden zutiefst verinnerlicht.

Dann entfalten sich die tiefsten, die verborgenen Ebenen – die höchsten Ebenen des Vajrayana. Hier finden die Übungen auf einer tiefen, feinsinnigen Ebene statt, die noch hinter der inneren Ebene liegt. Zu dem Begriff «verborgen» sagen die tibetischen Lehrer immer, daß sie nicht absichtlich jemandem das Verborgene vorenthalten wollen, aber daß der Inhalt der Lehren ihrer Natur nach «sich selbst verbirgt» – sie können einfach nicht über das geschriebene oder gesprochene Wort mitgeteilt werden... man kann sie nicht lernen, man muß sie unmittelbar und intuitiv erfassen.

Die höchste Stufe des buddhistischen Tantra, die neunte Stufe dieser angewandten Philosophie und spirituellen Kosmologie heißt *Dzog Chen* oder die Stufe der «absoluten Vollkommenheit». Das ist die höchstmögliche Bewußtseinsstufe, die die Vollkommenheit in jeder Lehrstufe sieht, in jeder Stufe unseres Verstehens, von der Unwissenheit bis zur Glückseligkeit. Das ist der Pfad, der alle Lehren und alle Lebensarten umfaßt, der erkennt, daß jeder seinen eigenen Weg hat, sein eigenes Verständnis und Karma, und daß es für jeden auf jeder Ebene richtig ist, genau dort zu sein, wo er ist... Also umfaßt das höchste buddhistische Tantra auch das *Hinayana,* umfaßt alles und jeden, jede Lebensart. Die größte Lehre des buddhistischen Tantra ist die Vollkommenheit aller Wege. Es ist richtig für dich, in diesem Augenblick genau das zu tun, was du gerade tust.

Tantra im Westen

Das Tantra ist lebendig und spielt für den Westen auf Grund seiner Anpassungsfähigkeit eine große Rolle. Die unendliche Kreativität wird gefördert. Padma Sambhava verwandelte die Lehren Buddhas – die äußeren, inneren und verborgenen – so, daß er sie in eine den wilden, kriegerischen

Tibetern verständliche Form brachte. Und wieder einmal werden die Lehren Buddhas, Padma Sambhavas (der Christen, Krishnas, Shivas, der Ureinwohner Amerikas und jeder gesunden Kultur, die es je gab) vollkommen verändert, verwandelt, um sich einer wilden und manchmal sogar kriegerischen Kultur zu nähern, die wir den Westen nennen. Aber das Wesen der Lehre – das schimmernde, wunderbare Wesen aller spirituellen Wahrheiten aller Kulturen – bleibt dasselbe. Wenn wir das entdecken, können wir frei sein, vollkommen frei, so wie wir es uns wünschen. Wenn wir unsere Entdeckungen anwenden, können wir unser Land, vielleicht sogar die ganze Welt, in einen Ort verwandeln, wo alles Leben geachtet wird und wo nie wieder Kriege der Gewalt und Zerstörung geführt werden, um politische oder materielle Ziele zu erreichen, die wir für unser Glück und unsere Freiheit nicht wirklich benötigen.

Die Lehren des buddhistischen Tantra sind in den Westen gekommen. Und viele andere ähnliche Lehren tauchen aus östlichen und westlichen Quellen auf (wie zum Beispiel die Schriftrollen aus dem Toten Meer, die uns die Arbeiten der Essener und Gnostiker überliefern, aus denen Erzkonservative Hunderte von Jahren nach Christus die Bibel gemacht haben). Sie zeigen uns, daß wir die Lehren, die Antworten und den Weg zu vollständiger Freiheit in unserem Herzen tragen, tief in unserem kulturellen Erbe.

Ich möchte mit einer dieser tiefsten verborgenen Lehren enden. Man muß sie erfahren, nicht bloß mit dem Intellekt verstehen. Und wenn man sie erst einmal begriffen hat, gibt es nichts mehr zu verstehen:

Das himmlische Königreich
liegt in dir

So soll es sein! So ist es!

Anhang B Gedanken

Im folgenden eine Sammlung von Gedanken, die man so nebenbei lesen kann. Einige sind traditionelle Lehren, andere nicht. Gib jeder die richtige Zeit.

★

Werde langsamer, wenn du dies liest… Nimm nur einige Worte, und laß sie auf dich wirken. Gönn dir ab und zu Ruhe – auch wenn anscheinend überhaupt nichts geschieht… sei zuversichtlich, daß etwas *geschieht.* Laß geschehen, was geschieht… ohne Erwartungen.

Laß die Stille zu… In ihr liegt eine tiefe Wahrheit für dich…

★

Das Wichtigste ist, sich zu entspannen… ab und zu in sich zu gehen und nicht zu versuchen, irgend etwas zu erzwingen.

Wir wollen nicht eine bestimmte Erfahrung beschreiben – wir helfen nur den Menschen (einschließlich uns selbst), die Türen zu der unendlichen Vielzahl schöpferischer Erfahrungen in uns allen zu öffnen…

Die Wahrheit liegt in dir.

★

So viele Menschen, die Lehrer und / oder Schriftsteller wurden, hatten ein wichtiges Erlebnis, das sie nun ausdrücken und anderen Menschen mitteilen wollen.

Aber so oft sind ihre Lehren, Organisationen und Systeme von der Vorstellung geprägt, daß man nur diesen einen Weg wählen kann – den Weg, den der Meister gegangen ist... wo es doch in Wirklichkeit unzählige Wege gibt, jeder auf ein bestimmtes Individuum zugeschnitten.

Alles, was wir lehren, sind die unzähligen Wege... Alles, was wir tun, ist, die Menschen zu ermutigen, nach innen zu schauen und ihren Weg zu finden, die Antwort in ihrem Herzen...

★

Diese Übung wirkt sich auf jeden anders aus. Jeder macht eine andere Erfahrung – deine wird einzigartig sein, lebendig und schön.

Die erste Lehre des Medizinrades der Ureinwohner Amerikas, die den Lehren des tibetischen Buddhismus gleicht (klar und schön dargestellt in dem Buch *Sieben Pfeile*), ist, daß *zwei Menschen nie dasselbe sehen*... Jeder hat einen eigenen, einzigartigen Blickwinkel, eine eigene Art zu leben, zu sehen und zu wachsen.

Entspanne... und schau nach innen. Die Antworten, die du dort findest, sind die richtigen für dich.

Was ist Tantra?

Es kommt von der Sanskritwortwurzel, die *weben* bedeutet...

«Oh, was für ein wirres Netz wir weben...»

(Sir Walter Scott,
Marmion, Gesang VI)

Unser Ziel auf Erden im physischen Körper ist ein erfülltes Sein und die Verwirklichung unserer Träume...

Hier ist eine tantrische Übung:

Betrachte, was dir mißfällt...

Betrachte, wie dein Körper altert...

Betrachte das Alter...

Betrachte die Krankheit...

Betrachte den Tod...

Betrachte die Geisteskrankheit...

Betrachte alles, was du ablehnst...

Und finde die Schönheit darin...

Und sieh die Vollkommenheit in allem.

Laß die Welt schön werden für dich – trotz so vieler offensichtlicher Unvollkommenheiten. Laß deine Vorstellung davon, wie es *sein sollte,* gehen... und sieh die Schönheit und Vollkommenheit dessen, *was ist*... hier und jetzt, ganz und gar, vollständig und vollkommen.

Jede Geburt, jeder Tod, jedes Ereignis, *alles* ist so vollständig, wie es sein soll... Wie könnte es anders sein?

Betrachte die Vollkommenheit unserer Galaxien, unseres Sonnensystems, unserer Erde und unseres Körpers...

Wir sind vollkommene Wesen.

Laß deine wahre innere Schönheit aufleuchten.

Das ist die höchste Lehre des Tantra.

Suche dir ein Bild aus... oder einen Gegenstand... oder einen Satz oder was auch immer – suche dir etwas aus, was dich an das erinnert, was du weißt – und trage es bei dir.

Eine Schatzkarte... einen Edelstein... ein Bild von jemandem, der dich liebt... ein Gebet, ein Lied, ein Musikinstrument... etwas, das zu dir paßt.

Und trage es bei dir, in deinem Herzen.

Es erinnert dich daran, daß alles vollkommen ist... es gibt nichts zu befürchten...

Das Universum sorgt für dich... Gott ist Liebe.

Sag es, wie du willst...

★

Aleister Crowley hat ein sehr gescheites Buch geschrieben mit dem Titel *Yoga*. In diesem Abschnitt sagt er etwas, das es wert ist, wiederholt zu werden, in bezug auf dieses Buch, irgendein anderes Buch oder einen Lehrer:

> *«90 oder sogar 95 Prozent dieser Worte entspringen einem verwirrten Geist – der Rest ist pures Gold.»*
>
> (Das ist ein wenig gekürzt)

Nimm das auf, was wirklichen Widerhall bei dir findet, und nimm es dir zu Herzen... laß alles andere gehen... Laß es sein.

Jedem das Seine.

★

Ich muß meine ehrliche Meinung zu vielen östlichen Lehren (und auch westlichen, was das betrifft) sagen, die heutzutage in Amerika und anderen Teilen der westlichen Welt auftauchen...

Ich erinnere mich, daß ich in vielen Phasen meiner Studien östlicher Praktiken und Philosophien fast alles ablehnte, was aus meiner Vergangenheit, meiner Kultur und meinem Erbe ganz allgemein stammte.

Ich erinnere mich an einen Abend in der Zeit, als ich mich ganz intensiv mit dem tibetischen Buddhismus beschäftigte. Ich machte einen Spaziergang über den Campus der Universität Berkeley... ich lief die Telegraph Avenue entlang und den Hügel hinauf vorbei an den Clubs der Studentenverbindungen, zu dem Ort, wo ich lebte, dem tibetischen Meditationszentrum...

Ich näherte mich dem Meditationszentrum und lief aber auch irgendwie ziellos umher. Vieles ging mir durch den Kopf, und ich hatte es nicht besonders eilig, irgendwohin zu kommen. Da sprach plötzlich eine sehr klare Stimme aus meinem Innern zu mir. Sie war vertrauenerweckend und stark – etwas, das ich verstehen und schätzen gelernt habe, denn es ist einer dieser Augenblicke, wo ich mit meinem intuitiven Lehrer in Verbindung stehe und die Wahrheit sich offenbart, laut und deutlich. Die Stimme sagte:

> *«Schau dich an! Schau, was du gemacht hast: als du über den Campus liefst, war dein Geist erfüllt von Gedanken der Ablehnung, du hast dich über die Studenten gestellt, weil sie unentwegt mit ihrem Kopf und ihrem Verstand dabei sind und weil sie sich ihrer Gefühle und Erlebnisse beschneiden... und als du die Telegraph Avenue entlangliefst, hast du die Leute auf der Straße für ihre Brutalität und Dummheit verurteilt... als du bei den studentischen Verbindungen vorbeikamst, hast du diese Menschen abgewiesen, weil sie unwissende Schafe sind, dumme, rassistische Trunkenbolde... und als du bei den Studentinnenclubs vorbeikamst, hast du diese Frauen verurteilt, weil sie scheu und zurückgezogen in der Vergangenheit leben... Jeden, dem du begegnet bist, hast du abgelehnt! Soll das das Ergebnis deiner Ausbildung sein?»*

Und ich erkannte, daß ich nicht frei bin, solange ich so viele Dinge, denen ich in meiner Welt begegne, ablehne. Wahre Freiheit besteht darin, alles tun zu können, überall hingehen zu können, mit jedem; es wertvoll und gut zu finden und die Menschen zu mögen, die beteiligt sind.

Das war für mich ein Wendepunkt in meinem Leben, denn ich war gezwungen, einen Blick auf die Verhaltensweisen zu werfen, die diese östlichen Lehren in mir und anderen, die ähnliche Studien betrieben, hervorriefen. Es war nicht einfach, aber schließlich mußte ich mir eingestehen, daß viele dieser Lehren genauso viele Neurosen schaffen, wie sie lösen. Und schließlich mußte ich gehen und andere

Lehren finden, die mich zu den anderen hin öffnen und nicht mit einer Mauer der Ablehnung umgeben. Ich suchte und fand Lehren, die besser in den Westen passen. In diesem Buch möchte ich diese Lehren mit dir teilen.

★

Gesund und glücklich zu leben ist eine Sache der Ausgeglichenheit: Nimm dir einerseits Zeit und Energie, um deine Gefühle und Wünsche so klar und direkt wie möglich auszudrücken. Du kannst genau das haben, was du willst, wenn du dir nur deine Wünsche klar und beharrlich vor Augen führst und sie dir verdeutlichst.

Akzeptiere aber auch andererseits was geschieht mit so wenig Erwartungen wie möglich: Alles geschieht aus gutem Grund, ob dieser nun zur gleichen Zeit ersichtlich ist oder nicht.

★

Eine tiefe, alte Wahrheit aus einem Kinderreim:
Rudere, rudere, rudere dein Boot
ruhig den Fluß hinunter
Heiter
Heiter
Heiter
Heiter
Das Leben ist nur ein Traum.

★

Das ist mehr oder weniger eine Wiederholung, aber sie lohnt sich. Der tibetische Buddhismus – und viele andere Quellen der Weisheit – sagen, daß man die Wirklichkeit auf drei Ebenen wahrnehmen kann: auf der äußeren, der inneren und der «verborgenen».

Die *äußere* Ebene ist die physische Ebene – die sich für die fünf äußeren Sinne als materielle, gegenständliche Wirklichkeit darstellt.

Die *innere* Ebene ist die visionäre Ebene, die wir mit den feineren Sinnen der inneren Schau, der Intuition, der Vorstellungskraft und Träume wahrnehmen… Es ist die sogenannte «Astralebene», die Ebene, auf der sich die Magie abspielt, die Ebene geistiger Schöpfung, die der physischen Schöpfung vorangeht.

Die *verborgene* Ebene geht noch darüber hinaus. Es ist die höchste spirituelle Ebene… wo alles Eins ist… wo wir alle Eins sind… wir sind es… es ist wir… hinter allen Worten. Es wird nur «verborgen» genannt, weil man es nicht wirklich in Worte fassen kann – nicht weil jemand versucht, es geheimzuhalten. Es verbirgt sich selbst, und man muß es auf sehr subtile Weise ergreifen, mit anderen als unseren gewöhnlichen Methoden des Lernens und Verstehens.

★

Ein Visionär ist ein Mensch, der sowohl die äußere als auch die innere und die verborgene Ebene sieht…

★

Der höchste Pfad des tantrischen Buddhismus heißt «Dzog Chen» oder die «Absolute Vollkommenheit». Für einen, der dies ausführt, gibt es keine besonderen äußeren Rituale, es sind nicht einmal irgendwelche inneren Übungen notwendig… Der Brennpunkt liegt im Innersten, im «Verborgenen»: die Vollkommenheit dessen, was ist, zu erkennen, die Vollkommenheit jeden Augenblicks.

Es nimmt vielleicht größere Ausmaße an, als du es jetzt ermessen kannst, denn diese Worte sind wahr: jeder Augenblick in deinem Leben ist absolut vollkommen gewesen. Und wird es auch weiterhin sein.

Und das trifft auch für jeden anderen Menschen zu...

★

Ich möchte einen großen Lehrmeister des «Dzog Chen» zitieren, Long Chen Pa, der vor siebenhundert Jahren lebte:

«Da ja alles nur eine Erscheinung ist, vollkommen, so wie es ist, weder gut noch böse, Annahme oder Ablehnung, kann man getrost in Gelächter ausbrechen.»

★

Eine tiefe Wahrheit, ausgedrückt von John Lilly:

Mit unserer schöpferischen Vorstellungskraft können wir uns jeden Raum, den wir uns wünschen, erschaffen. Sobald wir uns einen Raum vorstellen können, sobald wir ihn uns ausmalen können, können wir diesen Raum betreten.

Hindernisse in diesem Ablauf kann man lösen, indem man seine Vorstellungskraft übt und andere hilfreiche Mittel anwendet (siehe John Lillys Buch, *Zentrum des Zyklons,* und Shakti Gawains Buch, *Stell dir vor. Kreativ visualisieren*).

★

Eine tiefe Lehre des Tantra, der Kabbala (jüdischer Mystizismus, eine der Hauptwurzeln westlicher Magie), der Ureinwohner Amerikas und vieler anderer Quellen:

Wir sind mehrdimensionale Wesen... wir haben verschiedene Seinsebenen, die wir «Körper» nennen können. Wir funktionieren gleichzeitig auf vier verschiedenen Ebenen: auf der physischen, der seelischen, der geistigen und der spirituellen Ebene. Wir haben einen physischen Körper, Gefühle, Gedanken und einen Geist (spirit). Wenn wir uns vom Physischen zum Spirituellen bewegen, wird jede Seinsebene, jeder Körper feiner und in gewissem Sinne auch umfassender – umfaßt mehr Raum und mehr Bewußtsein.

Manche Menschen konzentrieren sich ausschließlich auf die physischen Seinsebene. Ihr ganzes Interesse ist auf ihren Körper oder den Körper anderer gerichtet – alles dreht sich um Stärke und Schwäche, Schmerzen und Wehwehchen, Bedürfnisse, Gesundheit, Idealdiät, die neueste Methode, um gesund zu leben, Aussehen, Liebhaber, Wirkung auf andere, Operationen, Verdauung, Spannung usw. Sie essen zuviel oder sie essen zuwenig, weil sie unter dem neurotischen Zwang stehen, schlank und schick zu sein.

Ich lehne die physische Ebene in keiner Weise ab – sie ist wunderschön, ein Schlüssel zum Unendlichen... ich empfinde sie als angenehm und vollkommen. Konzentriert man sich aber einzig und allein auf die physische Ebene (oder überhaupt nur auf eine Ebene), dann ist das übertrieben und führt zu einer eingeengten Sicht der Wirklichkeit.

Andere Menschen konzentrieren sich ausschließlich auf die emotionale Ebene. Sie sind vollkommen mit ihrem eigenen Drama beschäftigt, mit ihren Hochs und Tiefs... Ihr Verhalten wird von ihren Gefühlen gesteuert. Ihr ganzes Interesse ist auf ihre Gefühle oder die Gefühle anderer gerichtet – ob sie sich wohl fühlen oder aufregen, ob sie Schuldgefühle haben oder einen klaren Kopf haben, ob ihr Herz offen ist oder ob sie niedergeschlagen sind... Vielleicht trinken sie zuviel oder nehmen irgendwelche Drogen, um ihre Gefühle auszugleichen oder sogar, um sie zu beseitigen, damit sie sich nicht mit ihnen auseinandersetzen müssen. Oder sie sind vielleicht ausgesprochen gemäßigt und streng und gestehen sich spontane Handlungen nicht zu. Möglicherweise haben sie Ärger und Feindseligkeiten so sehr unterdrückt, daß sie diese Art von Gefühlen gar nicht mehr ausdrücken können. So schaffen sie sich eine innere Spannung, die sie aus der Wirklichkeit flüchten läßt und/oder in andere übertriebene Verhaltensweisen treibt, wie zum Beispiel übermäßiges Essen, dauerndes Fernsehen, Drogen- und Alkoholmißbrauch, ganz abgesehen von der Vielzahl körperlicher und seelischer Krankheiten.

Ich will damit die emotionale Ebene in keiner Weise ablehnen (und auch Drogen, Alkohol, Essen oder Fernsehen nicht – denn all das kann auch sehr nützlich und angenehm sein). Unsere Gefühle sind wunderschön und auch ein Schlüssel zum Unendlichen. Unsere Gefühle führen uns zu unserem intuitiven Lehrmeister, sie erschließen uns unsere Psyche, und sie sind vollkommen. Konzentriert man sich aber nur auf die emotionale Ebene, so ist das genauso übertrieben und einengend.

Andere Menschen konzentrieren sich ausschließlich auf die geistige Ebene. Was in ihrem Kopf vorgeht, ist das einzige, was wirklich etwas wert ist. An den Universitäten und unter den Wissenschaftlern trifft man viele dieser Menschen. Sie interessieren sich nur für ihre Bildung und die Ideen anderer; sie unterhalten sich über Bücher, die sie gerade gelesen haben, über irgendwelche Theorien oder über die Neurosen, die Einfältigkeit oder Klugheit von irgend jemandem. Es kann sein, daß sie überhaupt keinen Kontakt zu ihrem physischen, emotionalen oder spirituellen Körper haben, so sehr sind sie im Geistigen gefangen. Sie glauben vielleicht, daß die wissenschaftliche Methode – eine rein emotionale Erfindung – die einzig wertvolle Basis jeden Glaubens ist und lehnen alles ab, was mit Intuition und Psyche zu tun hat (und vom emotionalen und spirituellen Körper ausgeht), wie zum Beispiel spirituelles Heilen, psychische Kräfte, kreative Visualisation oder wahre Magie.

Ich will damit die geistige Ebene in keiner Weise ablehnen: sie ist ein ungeheuer machtvolles Werkzeug... sie ist sehr nützlich und sehr umfangreich... sie ist vollkommen. Sich aber nur auf die geistige Ebene zu konzentrieren bedeutet, zu viele andere Aspekte außer acht zu lassen.

Es gibt sogar Menschen, die sich nur auf die spirituelle Ebene konzentrieren. Im Amerika des Durchschnittsbürgers kommt das nicht gerade häufig vor, aber in der sogenannten *spirituellen* Szene gibt es viele von dieser Art. Ihr einziges Interesse gilt ihrer spirituellen Entwicklung, dem Grad der Erleuchtung ihrer Lehrer und Gurus oder dem spirituellen Bewußtsein ihrer Freunde und anderer Menschen. Viele lehnen einen Großteil der materiellen Welt ab, einschließlich unserer Umgebung und unserer Kultur. Viele von ihnen lehnen körperliche, seelische und manchmal sogar geistige Formen des Zusammenseins ab; manche lehnen es überhaupt ab, Beziehungen zu anderen zu haben.

Jede Seinsebene hat ihre eigene Wahrheit, Kraft und Vollkommenheit... und doch hat auch jede Ebene ihre eigenen Neurosen, wenn man sie nicht im Einklang mit den anderen Ebenen erlebt. Denn jede Stufe des göttlichen Lebensbaums – der Aufbau des Universums in den Worten der Kabbala – ist vollkommen. Wir sind körperliche, seelische, geistige und spirituelle Wesen. Wir sind alle ein Teil davon.

Akzeptiere alles an dir, ohne irgendeinen Teil von dir abzulehnen. Lehne weder deinen Körper, noch deine Gefühle, noch deinen Verstand oder deinen Geist ab.

★

Schau dir die Tarotkarte des Magiers an – und sieh, daß du das bist... Jeder ist ein Magier, ein Schöpfer... und leitet die universelle Energie in die selbstgewählte Schöpfung.

★

In uns haben wir die magischen Werkzeuge, um das zu erschaffen, was wir wollen – den Stab des schöpferischen Verstandes, das Schwert der Kraft, den Kelch der Inspiration und die Scheibe mit dem Pentagramm, Symbol für Reichtum und Magie.

Alle diese Werkzeuge sind in uns und warten darauf, gebraucht zu werden... Alle höheren Kräfte des Universums sind bereit und warten darauf, gerufen zu werden.

Bitte, und du wirst bekommen, suche, und du wirst finden, klopfe, und dir wird aufgetan...

★

Eine tiefe Lehre:

Erkenne deine eigene Kraft. Erkenne deinen inneren Wert, deine Vorstellungen, deine Erkenntnisse und deine Träume... und sieh, daß du fähig bist, diese Dinge zu manifestieren.

Die meisten von uns geben die Kraft und Vorstellungsgabe, die sie als Kinder hatten, aus irgendwelchen unersichtlichen Gründen her. Wir geben sie Mama und Papa... wir geben sie unseren Freunden. Ihre Gedanken und Gefühle werden sehr wichtig für uns.

Wir geben sie unseren Lehrern und glauben, nichts zu wissen.

Jetzt ist es an der Zeit, sie zurückzunehmen. Hab Vertrauen in dich. Vertraue deinen Gefühlen, zu jeder Zeit.

★

Wir wollen eine Reise machen, du und ich... Zusammen können wir weit reisen – viel weiter als die Entfernungen auf diesem Planeten, weiter als zu den Sternen...

Denn diese Reise findet im Reich des Geistes statt... Und das Reich des Geistes umfaßt jeden Raum, das ganze Universum...

Und jede Zeit- und Raumbegrenzung, die wir uns vorstel-

I
DER MAGIER

len, löst sich auf, wenn wir die Tore zu diesem Reich des Geistes öffnen.

Wie öffnen wir diese Tore?

Wir entspannen uns... vertrauen uns...

Entspanne dich, nimm drei tiefe Atemzüge und laß dich tief hinabsinken...

Entspanne dich und laß dich so sein, wie du bist... laß dich in die unendliche Wahrnehmung treiben, die alles umfaßt... eine unendliche Wahrnehmung, die du mit deiner schöpferischen Vorstellungskraft überallhin lenken kannst.

Du nimmst sie dir einfach...

Du kannst erschaffen,
was dein Herz begehrt!

So soll es sein... so ist es!

Danksagungen

Dieses Buch entstand mit Hilfe von Beiträgen, Ideen und dem ehrlichen Feedback der verschiedensten Menschen. Ich werde versuchen, sie alle aufzuführen, bin aber sicher, daß ich irgend jemanden vergesse.

Erst einmal möchte ich meinem engsten Freundes- und Mitarbeiterkreis für seine Unterstützung, Einsicht und Ehrlichkeit danken: Shakti Gawain, Jon Bernoff, Rainbow Canyon, Dean Campbell und Bobbin Zahner – vielen Dank für alles. Shakti, Jon, Rainbow, Chi-uh Gawain und Kathryn Hall danke ich, daß sie das Manuskript in seinen verschiedenen Stadien gelesen haben und mir ein hilfreiches Feedback gegeben haben. Besonders danke ich Paul Clemens für seine Arbeit als Herausgeber. Seine Kommentare und Beiträge waren von unschätzbarem Wert. Ohne irgendeinen der Obengenannten wäre das Buch ganz anders geworden. Es wäre vielleicht für viele unverständlicher und nicht annehmbar. Zu guter Letzt möchte ich noch ganz besonders Sharon Scandur für ihre Liebe und Unterstützung danken – und vor allem für die Lebensfreude, die sie so oft ausstrahlt. Sie braucht dieses Buch nicht – sie hat ihre Freiheit schon gefunden, mit ihren Pferden, in ihrem Leben auf dem Land und beim Lesen von Bartletts *Familiar Quotations*.

Kapitel II

– Meine Definition des Tantra stammt aus verschiedenen Quellen, zum größten Teil aus dem tibetischen Buddhismus. Die abschließende Synthese ist meine eigene.

- Die Geschichte «Drei verschiedene Wege» hat mir Lama Tarthang Tulku erzählt, der in Berkeley, Kalifornien, lebt.
- Viele Ideen und Übungen im Abschnitt «Schlechten Gefühlen nicht aus dem Weg gehen» stammen von Shakti Gawain, Verfasserin von *Stell dir vor. Kreativ visualisieren.* Auf dieses Gebiet ist sie wirklich spezialisiert. Die Methode, beim Autofahren zu brüllen und zu schreien, um seinem Ärger Luft zu machen, hat Pamela Whitney vorgeschlagen. Ein Kissen anzubrüllen und zu schlagen ist eine bekannte Gestaltübung.
- Die Vier-Schritte-Übung in «Eine tantrische Übung» hat mir Shakti Gawain beigebracht, sie stammt aus einem Workshop, den Edward O'Hara in Marin County, Kalifornien, durchgeführt hat.

Kapitel III

- Über Aussagen und wie man sie anwendet hörte ich zum erstenmal etwas von Catherine Ponder, sie ist Schriftstellerin und Vorsitzende der Unity Church.
- Viele der Gedanken im Abschnitt «Der Schöpfungsakt» stammen von Israel Regardie, Autor von *The Tree of Life. The Art of True Healing* und vielen anderen guten Büchern.
- Viele der Ideen im Abschnitt «Aussagen aufschreiben» stammen von Shakti Gawain, die sie wiederum von Sondra Ray hat. Deren Buch *I Deserve Love* beschreibt diese Technik. Shakti Gawains Buch *Stell dir vor* beschreibt ganz ausgezeichnet die Aussagetechnik und andere Techniken. Von Marc Reymont, Leiter der New Age Awareness Foundation in San Mateo, Kalifornien, stammt die etwas verblüffende Behauptung, daß man Ergebnisse einer Aussage innerhalb von 21 Tagen erzielen sollte.

Kapitel IV

- Ich möchte mich für Shakti Gawains Klarheit und Führung bedanken und dafür, daß sie mir den Wert der Kommunikation in Beziehungen klarmachte. In ihren Workshops, ihrer privaten Beraterpraxis und vor allem im täglichen Kontakt mit ihr bin ich sehr gewachsen.
- Der zweite Absatz in dem Abschnitt «Was willst du?» stammt von Shaktis Mutter Elisabeth (‹Chi-uh›) Gawain.
- Die vier möglichen Reaktionen in dem Abschnitt «Die äußere Ebene» stammen von Shirley Luthman. Sie ist Schriftstellerin und unterrichtet in Tiburon, Kalifornien.
- Die Ideen im Abschnitt «Verhandeln» habe ich aus einem Workshop von Carey Yuki Hasegawa und Bonnie Sita übernommen, den sie in Berkeley

durchgeführt haben. Carey Yuki hat viele wissenschaftliche Thesen miteingebracht und verwendet sie in seiner Privatpraxis als «Biofeedback für den Berater».

Kapitel VII

- «Deine Idealvorstellung» ist eine Übung, die Shakti Gawain und ich in unseren Workshops gemacht haben – wie viele der Übungen in diesem Buch.
- Ziele, Vorhaben und notwendige Schritte, um diese Ziele zu erreichen, aufzuschreiben, ist eine Technik, die wir von Carey Yuki Hasegawa gelernt haben.
- Der erste Teil im Abschnitt «Hab Freude an deiner Arbeit» stammt von Chi-uh Gawain

Kapitel VIII

- Die erste Übung stammt auch aus einem Workshop von Carey Yuki Hasegawa.
- Die «Schöpferische Meditation für Geld» habe ich mir selbst ausgedacht in Anlehnung an Israel Regardies Meditationen in dem ausgezeichneten Buch *The Art of True Healing*.
- Zum erstenmal begegnete ich dem «Zehn-Prozent-Plan» in einem Workshop für Erfolg von Leonard Orr in San Francisco.

Kapitel IX

- Die Geschichte in «Entlasse den Richter» stammt von Ken Keyes jr., dem Autor von *Handbook to Higher Consciousness*.
- John Donahue ist Leiter des Minneapolis Institute of Arts Children's Theater.

Kapitel X

- Die Übersetzung des Verses aus dem «Shodoka» stammt von Robert Aitkin Roshi aus dem Maui Zendo in Maui, Hawaii. Er hat es zusammen mit Eido Shimano Roshi übersetzt. Es wurde mit Robert Aitkins freundlicher Genehmigung abgedruckt.

Kapitel XI

- In dem Abschnitt «Stille» stammt der tibetische Weg von Lama Tharthang Tulku aus Berkeley, Kalifornien. Die traditionelle buddhistische Meditation vermittelte mir Chi-uh Gawain.
- Die Technik des «Sich-Erdens» im Abschnitt «Lichtsäule» lernte ich am Berkeley Psychic Institute von einem Lehrer namens David Lovegarden; die Technik, eine heilende Botschaft zu senden, lernte ich von Dr. Mildred Jackson, N. D. (Doctor of Naturopathic Medicine). Sie hat das Buch *Handbook of Alternatives to Chemical Medicine* geschrieben und ist die größte Heilerin, die ich kenne. Jeden Donnerstagabend unterrichtet sie bei sich zu Hause in Nordberkeley.
- Die Übung «Energiezentren öffnen» stammt von Jon Bernoff. Er hat sie von Ram Dass übernommen während eines Retreats in der Lama Foundation in Taos, New Mexico.
- Die Entspannungsübung aus dem Abschnitt «Schöpferische Meditationen» stammt aus Silva Mind Control. Die Kurse sind ganz ausgezeichnet. Es gibt auch ein gutes Buch darüber von dem Begründer José Silva (siehe Bibliographie).
- Tarthang Tulku Rinpoche lehrte mich das Wissen über unsere drei Körper im Abschnitt «Eine Meditation über unsere drei Körper». Ich lernte «Kum Nye» bei ihm und am Nyingma Meditation Center in Berkeley. Paul Clemens, mein Herausgeber und «Dharmabruder», stiftete den Beitrag über das Reiben der Ohrläppchen. Er spricht aus Erfahrung, wenn er sagt, daß es gut für Kinder sei – denn er hat selbst fünf Kinder.
- Die Übung «Die Tore schließen» stammt von meinem ersten Yogalehrer und Lehrer indischer Philosophie, Professor Arya aus Minneapolis, Minnesota.
- Den letzten Chant unter dem Titel «Mantra» habe ich aus einem Schutzgedicht von Catherine Ponder aus einem ihrer Bücher übernommen.

Kapitel XII

- Die Technik der fließenden Energie in «Schaffe dir einen jungen und schönen Körper» habe ich von Israel Regardie aus seinem Buch *The Art of True Healing* übernommen.
- Viele Gedanken im Abschnitt «Die Grundregeln des Heilens» verdanke ich dem Einfluß von Mildred Jackson, N. D.

Kapitel XIV

– Tarthang Tulku erzählte mir die Geschichte von der Frau, die im Traum ihren Kopf verlor.

Anhang A

– Ein Großteil des Materials kommt aus Tarthang Tulkus Geschichten. Andere Quellen waren zahlreiche Bücher, zum Beispiel Yeshey Tsogyals Biographie Padma Sambhavas aus dem Buch *The Tibetan Book of the Great Liberation.*

Bibliographie

BACH, RICHARD: Die Möwe Jonathan. Berlin 1972. Ullstein

DERS.: Illusionen. Berlin 1978. Ullstein

FERRUCCI, PIERO: Werde, was du bist. Reinbek 1968. Rowohlt Taschenbuch

GAWAIN, SHAKTI: Stell dir vor. Kreativ visualisieren. Reinbek 1986. Rowohlt Taschenbuch

HOUSTON, JEAN: Der mögliche Mensch. Reinbek 1987. Rowohlt Taschenbuch

JAMES, MURIEL/JONGEWARD, DOROTHY: Spontan leben. Übungen zur Selbstverwirklichung. Reinbek 1986. Rowohlt Taschenbuch

JAMES, WILLIAM: Die Vielfalt religiöser Erfahrung. Freiburg 1979. Walter

JOHNSON, WARREN: Der schwierige Weg zur Genügsamkeit. München 1982. Goldmann Taschenbuch

KAPLEAU, PHILIP: Die drei Pfeiler des Zen. München 1979. O. W. Barth

LAO-TSE: Tao te King. Fotos v. Jane English, bearb. von Gia-Fu Feng, München 1980. Irisana

LILLY, JOHN C.: Das Zentrum des Zyklons. Frankfurt a. M. 1976. Fischer Taschenbuch

PONDER, CATHERINE: Programmiere dich richtig und werd reich. Berg 1980. Erd

DERS.: Die dynamischen Gesetze des Reichtums. Berg 1980. Erd

SABETTI, STEPHANO: Lebensenergie. Reinbek 1987. Rowohlt Taschenbuch

SCHWÄBISCH, LUTZ / SIEMS, MARTIN: Selbstentfaltung durch Meditation. Reinbek 1987. Rowohlt Taschenbuch

SILVA, JOSÉ / MIELE, PHILIP: Silva Mind Control. Die universelle Methode zur Steigerung der Kreativität und Leistungsfähigkeit des menschlichen Geistes. Argenbühl 1983. W. Schwab

SMITH, MANUEL J.: Sag nein ohne Skrupel. Reinbek 1979. Rowohlt Taschenbuch

STORM, HYEMEOHSTS: Sieben Pfeile. München 1980. W. Fink

THOREAU, HENRY D.: Walden – oder Leben in den Wäldern. Zürich 1971. Diogenes

TULKU, TARTHANG: Selbstheilung durch Entspannung. München 1980. O. W. Barth

TRUNGPA, TSCHÖGYAM: Aktive Meditation. Freiburg 1978. Walter

DERS.: Spiritueller Materialismus. Freiburg 1975. Aurum